The Art of Writing

新版

書く技術

なにを、どう文章にするか

森脇逸男
Itsuo Moriwaki

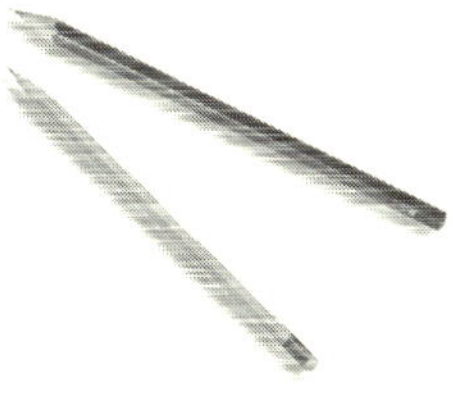

創元社

はじめに

この本は、一九九五年七月に初版を発行した『書く技術　なにを、どう文章にするか』を書き改めた新版です。旧版は、幸い多くの人たちに親しまれ、個人読者だけでなく、大学や専門学校、あるいは企業で文章教育のテキストとしても活用され、刷数を重ねることができました。文章の書き方を主題とした本は、当時すでにかなりの種類が出版されていたのですが、その中に一冊、屋下屋を重ねたのは、「文章を書きたいけれど書けない人のために」と依頼され、「例文と解説で、読者にその気になってもらう」という趣旨に同感したからです。

このため、旧版は、そうした人たちが文章が書けるようになり、文章を書くことに自信が持てるようになることを念願して書き上げました。特に留意したのは、技術的注意事項を網羅する、ページの順を追ってより高度な事項に進むようにする、例文を多く載せる、例文はできるだけ実際に新聞や雑誌、単行本などで活字になり一般の人々の目に触れたことのある文章から引く、さらに補強したい部分は、私が指導した学生の論文・作文から選ぶ、原文が旧仮名遣い・旧字体の例文は、日本国憲法を含め原則として現代仮名遣い・新字体に改め、取り付きやすくする、参考書目と索引を付ける、といった点でした。ただ、刊行以来九年を経て、ことに時事的なテーマの例文に、古さを感じさせ、意味やニュアンスが意図通りに受け取られるとは限らないものが多くなりました。

一方では、パソコンやｅメールの利用者が圧倒的に増え、情報伝達の在り方が劇的に変化しようとしているなど、新たに取り上げる必要のある事項も登場しています。

そこで新版では、古くなった例文をほぼ全面的に取り換えるとともに、パソコンやｅメールについての説明を詳しくするなど社会の変化に対応させ、さらに、旧版の「だ・である」体を「です・ます」体に改めました。「書けない人のために」という基本的な方針は、全く変わりませんが、ページをひもといていただければ、随所でより親しみやすく、理解できる記述となっていることがお分かりになると思います。

これは旧版の序文にも書いたことですが、山田洋次監督の映画『学校』に、子供のころ事情があって読み書きを習えないできた人が、夜間中学に通って字を覚え、初めてはがきを書いて感動する場面があります。その人にとって全く新しい世界を開くことが、文章を書くことによって可能になります。自分以外の人たちに、自分を知らせ、アピールし、自分の存在を刻み付けることができます。その可能性は、どんな人にも開かれています。そのためには、この本を読むだけでなく、毎日実際に鉛筆を握り、書く練習を重ねてください。その努力次第で、「達意の文章」は必ずや皆さんのものになります。

この本が、旧版同様「書きたいけれど書けない人」の助けとなり、力となることを心から願っています。読み終わったあとも、文章を書くときはこの本を座右に置き、どういうふうに書けばいいかと疑問を覚えたときは、気軽に開いて参考にしてください。

著者識

目次

第一章　文章以前

目次

第三章　文章を整える

目　次

第四章　表現を磨く

編集協力　唐　草　書　房
装　　丁　山本卓美（マーカークラブ）

第一章

文章以前

あなたは書ける

文章はだれにでも書けます。「すらすらと書きたい」という願いは、高望みではありません。

今ほど多くの日本人が文章を書き始めた時代はない、という説があります。ある意味では、その通りだろうと思います。その背後にあるのは、携帯電話やスマホ、タブレットといった最新の機器の普及です。その昔、遠く離れた人と意思を疎通させるには、手紙やはがき、あるいは電話くらいしか方法はなかったのですが、今はeメール、ツイッター、フェイスブックなど、たやすく利用できる手段がかなりあります。電車に乗ると座席の客の十人中六、七人がスマホに夢中になっているのを見かけます。目的の多くはゲームか、コミックやニュースなどの閲覧かもしれませんが、コミュニケーション派も決して少数ではありません。ビジネスの世界は言うまでもなく、一般家庭にも広く普及したパソコンは、eメールや文章・文書の作成用に活発に使われています。手紙や文章がこのように多くの人によって気軽に書かれ、読まれる時代は、恐らくこれまでなかったのではないでしょうか。文運隆盛の時代と言ってもいいかもしれません。

その一方で、携帯電話などのメールには、あれが文章かと疑問を抱かせるようなものが少なくないという指摘があります。「元気?」「うん、元気」「今どこ?」「渋谷の109前」といった具合に、ただ単語を並べたり、相手の言ったことをそのままおうむ返しに返したりといったやり取りも多いようです。もちろん、親しい仲間同士の交信なら、それで全く構いません。相手との意思疎通が成り立っているかぎり、その書き方をうんぬんするのは余計なお世話です。

しかし、そうした文章に明け暮れているうち、第三者に読ませる文章にも単語の羅列やおうむ返しが幅を利かせるようになり、結局はそうした調子の文章しか書けなくなってしまうと、ちょっと困ります。学校の先生から、これではレポートにならないとしかられたり、会社の上司から、これでも文章かと雷を落とされたりすることになりかねません。

もともと、文章を書きたいけれど書けないという悩みを持つ人も、大勢います。スマホやパソコンの後押しがある場合でも、どんな文章を書けばいいのか分からず、指が動いてくれません。また、そういう利器には無縁で、専ら伝統的な筆記用具に頼る場合でも、鉛筆を握り、原稿用紙を広げはするが、筆が一向に進んでくれません。

何しろ今は、無数の人たちが文章を書き、言いたいことを世間に通じさせ、友人や知人とのつながりを深めている時代です。そういう世の中で文章が書けないと、時代に取り残されたような孤独感を持つことになってしまいます。ほかの人たちが何の苦もなく書いている文章が自分には書けない。これは、当人にとって他人には想像もできないくらい深刻な悩みです。

この本の目的は、そうした書きたいけれど書けない人たち、きちんとした文章を書きたい人たちが、望み通りに書けるようになるためのお手伝いをすることです。「すらすらと書きたい、名文家、文章家の域に達するのは無理だとしても、せめて人に笑われることのない文章を書きたい」という願望は、実現不可能な高望みではありません。だれでも望んでいいことです。

文章はだれにでも書けるということを、まず強調したいと思います。達意の文章、他人から感心される文章を書く技術は、努力と練習次第で、必ずやあなたのものになります。

作家の太宰治の戦時中の小文にこんな一節がありました。

「なんの随筆の十枚くらい書けないわけは無いのであるが、この作家は、もう、きょうで三日も沈吟をつづけ、書いてはしばらくして破り、また書いては暫《しばら》くして破り、日本は今、紙類に不足している時ではあるし、こんなに破っては、もったいないと自分でも、はらはらしながらそれでも、つい破ってしまう。」(『作家の像』)

書けないのはあなただけではありません。文章のプロである作家でも、書けないときは書けないのです。書くために骨身を削るような苦労をしています。

アマチュアでふだん鉛筆を持つこともない自分が、いきなりすらすら思い通りの文章が書けるわけはないと、自分に言い聞かせた上で、しかし、今は書けなくても必ず書けるようになる、努力と練習できっと書けるようになってみせると、決意を固めることです。これを「書く技術修業」の第一歩としましょう。毛虫だってチョウチョウになります。会社の主任さんでもノーベル賞をもらえます。世の中に不可能事はなく、千里の道は一歩からです。

書きたいことを持つ

美辞麗句は不必要です。文章で一番大切なことは内容です。

朝日新聞のコラム『天声人語』の担当者だった深代淳郎氏に、こんな一節がありました。

「毎日、コラムを書く。心の動くような話が、そうそう毎日見つかるわけではない。机をカリカリとかきたくなるようなこともある。もっとも『書く』とは『ひっかく』という意味からきたそうで、昔は木簡、竹簡をひっかいて書いた。英語の『書く』も、板などにくねくね筋をつけること。書くことがカリカリ書くことであるのは、洋の東西を問わぬらしい」

私も六年余の間、新聞のコラムを担当していたことがあります。「よく毎日書けるね」と人に言われる度に「書くことがあれば簡単だが、年に何度か何もなくて脂汗を流す」と答えていました。実際、「心の動くような話」がないときほどつらいことはありませんでした。あるときなど、脳味噌がまるきり自動車のすり減ったタイヤのような感じで、何のアイデアも浮かびません。やっと思いついたテーマについて何行か書くと、そのあとが続かず、やむなくほかのテーマを書き始めると、それも何行か書いて書けなくなり、また最初のテーマに戻って何行か書き継ぐと、また書けなくなり、第二のテーマに再び戻る、といった迷走執筆だった記憶があります。

あなたが書けないのも、多分に同じ理由、「書くことがない」からではないでしょうか。あなたは今、文章が書けないと悩んでいます。何の文章でしょうか。ゼミのレポートか、会社の上司に提出する企画書か、報告書か、昇格のための論文か。社内報や組合の機関誌、PTA会報、同窓会誌などに頼まれての原稿か。はたまた自分史か、自己を投影する小説か。そのどれでも構いませんが、鉛筆を握って原稿用紙に向かうとして、書けない理由の九割までは、一体何を書けばいいのか、自分の中で書くべきことがはっきりとしていないことにあります。書きたいこと、書くことがあれば、文章は書けます。

そのいい例は、恋文、ラブレターです。思い出してください。あなたも多分、すらすらと文章を書いたことがあるはずです。恋をしていた時代、あなたは恋文を何通も書いたではありませんか。胸にあふれる思いを日記に書き記したことがあるでしょう。私は専ら電話で語り合いましたという人も多いかもしれませんが、その人にとっては、電話であれこれしゃべったこと、それがすなわち、文章となる内容でしょう。

では、恋文以外の場合はどうでしょう。皆さんはそれなりに社会的な生活を営み、毎日さまざまな現象を経験しています。その生活、経験の中であなたが感じる、だれかに言いたいこと、訴えたいこと、それがすなわち「書きたいこと」です。ちょっと身の回りを振り返るだけでも、政治や生活、健康、趣味、学校、その他、文章になる題材は山ほどみつかるはずです。詳しくはもっと後で述べますが、自分のことにも自分以外のことにも、広い関心、好奇心を持ち、問題意識を持つように気を付ければ、「書きたいこと」は次から次へと自然に浮上してくるものです。

書けない理由の九割まではこれで解決できるとして、あとの一割はどんな理由でしょうか。それは、「文章が下手だから、書くのが恥ずかしい」ということのようです。この「下手」には、

「うまい言い回しを知らない」「字が下手」「書きなれていない」などが含まれます。しかし、この「下手だから書けない」という理由付けは、そう言っては悪いのですが、本人の甘えが感じられます。似ているのは、「しゃべるのが下手だから、人前でのスピーチができない」「オンチだからみんなとカラオケに行っても歌わない」「笑われるから英会話はしない」といった言い分です。どれも思い切ってやってみれば、案ずるより産むがやすしなのです。

だいたい、水泳を知らないのに水にほうり込まれて、すいすいと泳げる人はいません。おぼれてしまうのが普通です。運転を習わずに自動車を自在に走らせることができる人もいません。たちまちあちらこちらにぶっつけて、車を傷だらけにし、自分も大けがをすることになるでしょう。筆を選ばずの弘法大師だって初めは字が書けなかったはずです。文章の初心者が下手な文章しか書けないのは、極めて当然なことです。水泳を知らなければ、コーチに習えばいいし、運転が下手なら練習すればいいのです。書くのに慣れていなければ、毎日書いてみることです。さらに言うなら、何が名文で、何が下手な文章なのでしょうか。水泳や自動車運転や書道の場合のようなはっきりした基準があるのでしょうか。いわゆる美辞麗句が名文の条件だというのなら、私は賛成しません。名文など不必要だと思います。

昔から伝えられ、人の心を打つ名恋文の数々は、胸のうちにある伝えたいこと、どうしても相手に知ってほしいことが、すなわち感動的な文章になることを教えています。

恋でなくても、書きたいこと、伝えたいことがあれば、それは優れた文章になります。

文章で一番大切な要素は内容であり、どんなことを書くかということです。

鉛筆を握って書いてみよう

人に見せる必要のない文章も、他人に読ませることが狙いの文章もあります。

皆さんの書きたいこと、書くべきことは、自分の頭や胸の中に、書かれないまま、太陽系誕生以前の星雲のような状態、あるいは「くらげなす漂える」といった状態で混沌として存在しています。文章を書く第一歩は、その書きたいこと、書くべきことを吟味し、できれば一つの塊としてつかむことです。つかめたら、鉛筆を握り、紙を広げましょう。鉛筆でなくても、ボールペンでも万年筆でもワープロでも構いません。パソコンに慣れている人は、キーボードの前に座りましょう。鉛筆やボールペンの場合の用紙は、ノートの切れ端でも新聞折り込みの広告の裏でもいいのです。要は書けて読めれば問題はありません。書く場所も、別に明窓浄机、涼風の通る書斎でなくても、字が書けるところならどこでも差し支えありません。喫茶店のテーブルや台所の片隅で優れた作品を書いた作家は大勢います。

ここで、文章にはどんな種類があるかを整理しておきましょう。文章は大別すると、

A　他人に読ませる必要のない文章＝個人的な日記、メモなど

B　特定の他人（単数あるいは複数でも少数）に読ませるための文章で、どちらかといえば私的なもの＝手紙、あいさつ状など

C　特定の他人に読ませるための文章で、どちらかといえば公的なもの＝会社の文書、仲間う

ちの案内など

Ｄ　不特定多数の他人に読んでもらうための文章＝新聞や雑誌に載せる投稿文、論文などといった具合になります。

文章を書くことに慣れていない人は、最初は、人に見せる必要のない日記から書き始めたらいいかもしれません。日記の中にも、昭和史の資料として定評があり、東京裁判の証拠書類ともなった『木戸日記』のように、後世に残す記録とすることを目的としてつづられるもの、また、作家の永井荷風の日記のように他人に読まれること、読ませることを前提としたものもあります。しかし、基本的には日記や備忘録は、個人的な文章であり、好きなように書いて構いません。場合によっては自分だけの隠語や暗号を使うことが望ましいときもあるでしょう。石川啄木が、愛する妻に「yomase taku nai no de」、ローマ字で日記をつけていたことは広く知られています。

これに対してＢ以降の文章は、主観的にも客観的にも、意思の伝達、事実の提示など、自分以外のだれかに対して何らかのコミュニケーションを図ることを目的とするものです。

「だれか」という相手は千差万別です。近親者から上司、同僚、部下、友人、あるいは不特定多数の人々までさまざまでしょう。だが、ここで重要なことは、相手があるということは、自分だけの都合や勝手で文章をつづってはいけないということを意味するということです。

では、他人に読ませる文章では何が大切でしょうか。私は、論理的である、文章のルールを守っている、相手に分かる文章である、Ｔ・Ｐ・Ｏ（時・場所・場合）を心得ている、問題意識を持っている、などを挙げたいと考えます。

論理的であること

読む人をうなずかせ、納得させられることが、文章の基本です。

水一立方メートル当たり一千円の「水税」を導入すれば、現在の年間の水消費量一億立方メートルからすると、一年で一千億円の税収が得られる。したがって、水一立方メートル当たり三千円の水税を導入すれば年間三千億円の税収が得られることになり、P県の財政赤字解消に役立つ。しかも、この税を導入することにより、水の消費が減り、水不足の問題に対処できる。片や三千億円の税収、片や水不足への対応、正に一挙両得である。

「P県知事の発言」とされる文章です。何の気なしに読むと、税収も確保され、水不足への対応もできて、正に一挙両得の妙案だという気になってしまいます。しかし、ちょっと待ってください。水の消費が減るなら、その分だけ税収は減ります。それにせいぜい百円前後の水道水に一気に三千円もの税金をかけるなど、できるわけはありません。

実はこの文章は、大学入試センターが実施した法科大学院の適性試験で「推論の誤りを指摘せよ」と出題された問題です。「結論を導くために用いた根拠が両立しない」が正解でした。このように一見整ってはいても、実は前後矛盾し、論理の筋が通っていない文章は結構世の中に多いのです。不動産や商品取引、消費者金融の広告などは、おおむねこの種に属します。

悪意でなく善意の文章にも論理の筋が通っていないものは、まま見受けられます。アメリカのプロ野球大リーグテレビ中継の画面に映るフェンス部分の日本語看板広告についての、ニューヨーク在住の日本人筆者によるコラムが、新聞に載っていました。

「米国人に聞くと何語なのかが分からないため『気にはならない』という人が多い。先日のパリの世界陸上でも、日本語の看板広告が見えた。ニューヨークのコリアンタウンやチャイナタウンに行くと、看板や広告は昔から韓国語や中国語がほとんどだ。私には、中国の漢字は大体の意味は理解できる。しかし、一般の米国人は無視されたと感じるのではないだろうか（後略）」

違和感があるのは、「『気にはならない』という人が多い」と書いたすぐあと「無視されたと感じるのではないだろうか」と正反対のことを主張していることです。面と向かっては「気にはならない」と言っていた友だちが、陰では「無視された」と文句を言っていたことが分かれば、どうして最初からそう言わないんだ、あいつはうそつきだと、腹が立ちます。

他人に読ませる文章は、読む人をうなずかせ、納得させることができる文章でなければなりません。いくら華麗なレトリックを駆使しても、その内容に筋が通っていなければ、読む人は戸惑ってしまいます。人間は日々成長する存在であり、昨日の考えと今日の主張が違ったり、昨日の文章と今日の文章が矛盾したりすることは、しばしば起こります。それが意図的なウソや偽証でないかぎり、その変化を非難することはできません。しかし、同じ文章の中で、百八十度違うことを書いてはいけません。論理の筋を通すことは、文章の基本的条件です。

話し言葉と書き言葉

話すように書けばいいのです。ただし、書き言葉にはルールがあります。

文章の書き方について「話すように書けばいい」という主張があります。私はこの「話すように書けばいい」論に、いくつかの意味で賛成です。話すという行動もいろんな場合があります。隣近所の人たちとの井戸ばた会議も結婚の披露宴などでのテーブルスピーチも「話す」です。

スピーチをするときは、前もって依頼されるのが普通ですから、どんなことを話したらいいか、しゃべる前に一応あれこれ考えることになるでしょう。新郎の友人なら、まず、しゃべれそうなことをいくつか念頭に浮かべます。友だちになった時期、きっかけ、記憶に残るエピソード、これからの期待などです。次に何から話し出して、何で締めくくるか、見当をつけます。いざ本番となれば、おおむねその線に沿ってスピーチをし、出席者の皆さんから拍手がわいて、めでたしめでたしです。

これは文章を書くときの準備作業とそっくり同じです。あるテーマについて文章を書くよう頼まれたら、そのテーマについてのスピーチの原稿を作るつもりで書けばいいのです。それでもどう書いたらいいか分からないときには、周りの人とおしゃべりをしているつもりで、肩の力を抜いて気楽に書き出すのも一つのやり方です。もっとも、いくらおしゃべりふうの文章でも、実際の会話を速記したものとは随分違います。

あのねえ、その、難しくしなくていいからね、あのお、日本人らしい日本人のね、自覚する教育したらいいですけど、ちょっと何だかそういうところ、若い方に対する教育がね、私ね、なってないと思う。どこの国のまねしてるんだかねえ、日本という国に自分生まれているのにね、日本ということ忘れた教育の仕方おもしろくないと思うわね。

最近の若い人は何でもカタカナ語で言いたがると憤慨する七十歳くらいのご婦人たちの会話の一こまです。同じ言葉が何度も繰り返され、余計な言葉が方々に入っていて冗長です。そのくせ肝心なことは省略されていて、修飾語と被修飾語の関係も筋が通っていません。「それはですね、あれをああして」「かもしれませんね、もう一つ、その」など、本人にしか分からない表現も、おしゃべりの場合は多用されます。それでも意思が通ずるのは、話している当人同士が、面と向かい合っているか、あるいは電話で結ばれているかで、共通の場にいるからです。さらに知り合いの場合は、その人たちの生きている世界にある程度共通するものがあるからです。

しかし、文章の場合は普通、書いた人と読む人がいる場所は同じではありません。両者のものの見方、考え方が共通していることも、決して期待はできません。その両者が意思を通じ合わせるためには、基本的な約束として、用字用語の表記法、「てにをは」の使い方、言葉の並べ方など、文章のルールを守ることが、大切です。道路で車を走らせると、赤信号、一方通行、右・左折禁止、追い越し禁止など交通信号、標識が次々に出現します。信号、標識の解釈が走る車ごとに違っていたら、道路は衝突事故の山になります。文章のルールにも似たところがあります。

分かるように書く

理解できる文章でなければ、理解してもらえません。

最初から第三者には分からせないことを目的に作られる文章があります。『トラ・トラ・トラ』という題の映画がありました。一九四一年十二月八日、日本軍のハワイ・オアフ島真珠湾攻撃を描いた映画です。題の「トラ・トラ・トラ」は母艦あてに攻撃成功を知らせる「われ奇襲に成功せり」という旧日本海軍の暗号文でした。それ以前、大平洋上の機動部隊に攻撃開始を指示した暗号文は「ニイタカヤマ　ノボレ　１２０８」だったことも、今はよく知られています。

しかし、発信の時点では、この暗号文は最高機密でした。ごく少数の関係者以外は、たとえ受信できても意味は全く分からなかったはずです。このように特定少数の相手以外に知られては困る内容を伝えるために使われるのが暗号です。

一方、新聞や雑誌の場合は、事情が全く違います。文章が分かりやすくなければ、不特定多数の読者に情報を伝えるという使命は果たせません。このため、文章を分かりやすくすることに真剣で、「堅苦しい漢語、文語は避ける」「専門語や略語は説明を付ける」「長過ぎる文、ひとりよがりの文は書かない」などの基準を作り、記者の訓練に力を入れています。

明治七年創刊の読売新聞の第一号を見ると、官庁の布告の中の「行幸行啓」「毒薬」といった言葉には説明が付けられ、「此新《このしん》ぶん紙《し》は女童《おんなこども》のおしえにとて為《ため》になる事柄《ことがら》を誰《だれ》にでも分《わか》るように書《か》いてだす旨趣《つもり》」という社告が載っています。読者が分かる文章は昔も今も新聞の根本条件です。

文章を相手に読んでもらい、自分の言いたいことを相手に正しく理解してもらおうと思うなら、理解できる、分かりやすい文章にする必要があるのは、新聞に限りません。

「たとえば、ふつうなら『アイコンをダブルクリックして…』というところを『画面の絵の上でボタンを2回押して…』というように、わかりにくい専門用語を極力なくしました。どなたでもすぐ理解できるよう日常会話で使う言葉でていねいに解説しています。これで抵抗感なくパソコンを覚えることができます」

中高年のためのパソコン・インターネット通信講座の新聞広告の一節です。カタカナの専門用語が次から次へと出現するパソコン手引書は、確かに初心者にとって挑戦を拒否してそそり立つ絶壁そのものです。この広告のようにかみ砕いてもらえれば、パソコンを覚えてみようという意欲もわいてくることでしょう。

ただし、分かりやすいと言っても、程度の問題があります。幼稚園児用の絵本の文章なら分かりやすいことは間違いありませんが、大人が読むに耐える内容を盛ることはできません。価値ある情報を伝えるには、それなりの書き方が必要になります。

要は、読んでくれる人に自分の意図を正しく受け取ってもらえる文章にすることです。

問題意識を持つ

問題意識は、歴史を動かし、スクープをもたらし、文章を生んでくれます。

同じことを見たり聞いたりしても、ほかの人たちは何も感じないのに、ある人だけがそこに重大な情報を感じ取るといったことがあります。ほかの人たちは格別、何の問題意識も持っていなかったのに、その人はきちんと問題意識のアンテナを張っていたからです。

ニュースの世界では、数年前、毎日新聞がスクープした日本の旧石器時代の遺跡のねつ造問題がいい例です。

二十数年前からある特定の人物が、日本の各地で三万年から七十万年以上も前の多数の遺跡を発見、発掘し、この人が来れば必ず旧石器が出てくるという定評ができ、「神の手」ともてはやされるほどになりました。日本にも旧石器時代があったと教科書に載り、文化庁は遺跡を国の史跡に指定しました。しかし、疑問を持つ人からの情報で、新聞記者が張り込み取材を続け、だれもいない早朝、この人が遺跡にこっそり石器を埋めている姿をビデオカメラでとらえたのです。結局その人の関係した遺跡はすべてねつ造だと分かり、史跡指定は解除され、歴史の教科書は書き換えられました。ほかの人が探しても見つからないのに、この人が行けばあっさり見つかっていたこと、出てきた旧石器が三万年前から七十万年前と何十万年もの幅があるのにほとんど作り方や石の種類が同じである点など、「神の手」への疑問は、今考えれば極めて当然に思えるのですが、スクープ報道以前は残念ながら、大多数の学者もジャーナリストも、そうした問題意識を持たなかったのです。

　歴史を振り返ってみても、問題意識が見事な実を結んだ例はたくさんあります。十九世紀、アメリカのオハイオ州に住むストー夫人は熱心なクエーカー教徒でした。奴隷制度のある隣州ケンタッキーから奴隷を認めないオハイオに命がけで逃亡してくる黒人奴隷をカナダに送り出す地下組織に携わった経験から『アンクル・トムの小屋』という小説を書き、一八五二年、ワシントンで出版しました。黒人奴隷の悲惨な境遇を描いた小説は爆発的に売れ、北部の人たちの間に奴隷解放への機運を盛り上げました。

　九年後、南北戦争が始まり、この本は「南北戦争を引き起こし、奴隷解放をもたらした本」と呼ばれることになりました。歴史にｉｆは禁物ですが、もし夫人の問題意識がなかったなら、アメリカの奴隷解放はもっと遅い時代まで引き延ばされていたに違いありません。

　二十六歳の若さで自殺、世間から忘れられながら、半世紀後発掘され、高い評価を受けている童謡詩人の金子みすゞに、「不思議」という詩があります。


　私は不思議でたまらない、／黒い雲からふる雨が、／銀にひかっていることが。

　私は不思議でたまらない、／青い桑《くわ》の葉たべている、／蚕《かいこ》が白くなることが。

　私は不思議でたまらない、／たれもいじらぬ夕顔が、／ひとりでぱらりと開くのが。

　私は不思議でたまらない、／誰にきいても笑ってて、／あたりまえだ、ということが。


　このみすゞの「不思議でたまらない」もまた優れた問題意識です。

内容を充実させる

知的好奇心は、あなたを若返らせ、住む世界を二倍、三倍に広げます。

文章を書くのに大切なことの話をもう少し続けましょう。文章にとって内容が大切であることは、すでに述べた通りです。では、読まれるに値する内容、相手が喜んで読んでくれる内容は、どうすれば自分のものにできるでしょうか。

イラストレーターの宇田川のり子さんが友人の一人に、「結婚すると途端に話がつまらなくなっちゃう人って、多いわね」とこぼされたという話を『ＰＨＰ』という雑誌に書いていました。宇田川さんはそれに対して「イキイキ奥様」でいられるか否かのキーワードは「好奇心」だ、それも知的な部分での「好奇心」だとし、「自分の小さな世界から、ほんの一歩、外へ踏み出す事で、ステキな発見がたくさんあることを知ってほしい。その『一歩』が、知的好奇心の始まりなのだから」と結んでいました。この提案はそっくり文章を書こうと思っている人に当てはまります。

主婦でなく、仕事を持っている人の中にも「仕事人間」「タコつぼ人間」あるいは「おたく人間」と呼ばれる人たちがいます。自分だけの狭い世界に閉じこもって、ほかのことにはまったく関心を持たない人たちです。それも一つの生き方ですから、他人に害を及ぼさず、本人がよければ構いません。しかし、文章を書く場合は当然、できるだけ広い関心、視野を持ちたいのです。

宮沢賢治の「ソウイウヒトニワタシハナリタイ」とうたった『雨ニモマケズ』の中には「多ク

ノコトヲ見聞キシ、ワカリ」という一節があります。作家の小田実氏が若いころ書いた本の題は『何でも見てやろう』でした。見られるものは何でも見る。普通ならなかなか経験できないことを経験するチャンスがあれば、迷わず（といっても、殺人や窃盗や麻薬や汚職のように法に触れることは除いての話ですが）経験してみる。国内国外の旅行、見学、視察といった、ふだん会えない人と知り合う機会は、逃さない。それは新たな問題意識の発掘につながります。

身近なところで、ヨットに乗ったり、スキューバで海に潜ったり、パラグライダーや熱気球で空を飛んだりするのも、たいへん結構です。ゴルフでもスキーでも釣りでも構いません。ピアノ、バイオリン、ギター、琴といった楽器に親しんでもいいでしょう。オーケストラやオペラ、バレエの公演、演劇や映画、歌舞伎や能、狂言、プロ野球やプロサッカー、大相撲を見に行くのも好ましいことです。絵や彫刻の展覧会も見に行きましょう。小説や詩など文学に親しむのもいいことです。芸術や趣味の世界に浸ることは、人間の幅を一回りも二回りも広げてくれます。

一方、政治、経済といった硬派の分野なら、超大国アメリカが独り覇を唱えるなかでテロ・民族・宗教紛争の火が消えない国際情勢、改革は掛け声ばかりで政党の離合集散、激動が続く国内政治、不況が続き、年金や福祉への不安が広がる社会、地球温暖化、少子高齢化といった問題にも、当然それなりの関心と問題意識を持ちたいものです。新聞やテレビ、週刊誌に目を通して時代の動きに遅れないようにすることは言うまでもありませんし、百科事典、現代用語辞典など情報を理解し、消化するための道具も身近に備えたいと思います。

文章を書くことは、同時に私たちが住む世界を二倍にも三倍にも広げることです。

メモをとる

何でもメモしておく習慣は、極めて有用です。

テレビでときどき記者会見の場面が映ります。政治家や芸能人が質問に答えて何かしゃべると、周りの記者たちが一斉にメモします。メモに懸命で、ずっとメモ帳あるいは大学ノートに顔を向け、相手の顔を見ようともしない記者もいます。最近は性能のいい超小型テープレコーダーも開発されているはずで、会見の相手がしゃべることが果たして本当のことか、口先だけのいい加減なことかといった肝心の点を見極めるためには、メモよりむしろ相手の表情を観察することが必要なのではないかと思うことがあります。しかし、正確な記事を書かなければならない記者たちにとって、まず正確にメモすることが先決なのでしょう。

文章を書くためには、常にメモをする習慣を身につけておくと、たいへん便利であることは間違いありません。新聞や雑誌を読んで、これは面白い、使えそうだと思ったらメモしておきましょう。映画を見て印象的な場面があればメモ、講演を聞いてもメモ、旅行にでかけてもメモ、レストランで変わった料理を食べたらメモ、仲間と一杯飲み屋の気炎もメモ、といった具合で、これが記憶力抜群、何でも覚えているといった人ならメモの必要はないが、普通の人はやはりメモをしておくほうが、忘れないので確実です。

私も新聞記者の現役時代、財布をポケットに入れることは忘れても、メモ帳とボールペンは忘れませんでした。パレスチナゲリラによる民間航空機のハイジャックが相次いだころ、ゲリラは飛行機を乗っ取ると、自分たちの行動のしっぽをつかまれないため、まず乗客からカメラと筆記用具を取り上げると報じられました。そこで、万一ハイジャックされてボールペンやメモ帳を没収されても何とかメモが取れるようにと、飛行機に乗るときには、原稿用紙を折り畳んだものと使い古しの短い鉛筆をズボンのポケットに入れておくことにしていました。幸か不幸か、ハイジャック体験はし損ないましたが、その習慣は消えず、今も外出するときには、鉛筆と紙をシャツの胸ポケットに突っ込んでいます。

ただ、メモにも落とし穴があります。メモの取り方が不完全だと、肝心のところを間違える恐れがあることです。新聞にときどき「容疑者の○○とあるは被害者で、被害者の××とあるのは容疑者の誤りでした。おわびして訂正します」といったとんでもない誤報のおわびが載っているのは、多くの場合、メモの誤読が原因です。

メモを取ってしまうとそれで安心してしまって、アフターケアを忘れることも落とし穴です。その結果、何が書いてあるのか分からなくなって、せっかくメモした意味がなくなってしまいます。字が上手でない人は比較的早い時期に見直さないと、自分の字が読めなくなります。むやみに取ってもきちんと整理しないと、肝心のメモがどこにあるか分からなくなり、必要なときに見つからず、役に立たないものになります。これは新聞の切り抜きといった資料の整理についても言えることです。

どちらも数えきれないほど私自身が体験した落とし穴です。

言葉に鈍感でないこと

日本語は語彙の宝庫です。言葉に対する感覚をとぎすまし、語彙を増やしていきましょう。

鈍感という言葉を辞書で引いてみると、「感覚・感じ方が鈍いこと」とあり、反対語は「敏感」です。したがってこの項のタイトルは「言葉に敏感であること」でもいいのですが、そうしなかったのは「敏感」という言葉に、時勢に敏感、顔色に敏感といった、いつも他人の様子をうかがうような軽薄な気配を感じるからです。

もちろん、これは私の個人的な語感ですから、皆さんに押しつける気はありません。ただ、文章を書くとき、その文章を構成する基本的な要素である言葉に対する感覚は、常にとぎすましていたいものです。ほこり一つなくピカピカにみがき上げているというほどではなくても、よごれ放題、ごみだらけ、寸法が合わず、ゆがみっぱなしといった言葉の使い方はしないでほしいと思います。

言葉に鋭敏な存在は文学者です。少し古くなりますが、フランスの作家フローベールは、「いわんと欲することが何であろうと、それをいい表すには一つの言葉しかない。それをいきいきと躍動させるには一つの動詞しかなく、その性質を規定するのに一つの形容詞しかない。だから、それが見つかるまで、その言葉を、その動詞を、その形容詞を、探さなければならない」(杉捷夫氏訳)と教えていたと弟子のモーパッサンが書いています。

大切な文章の部分品には、やはり、その場にしっくりとおさまる言葉、場違いでない言葉、キンキラキンとは光らなくても見る目を持つ人が見ればうなずいてくれる、底光りのする言葉を選びたいと思います。そのためには何と言っても自分の使える語彙、ボキャブラリーを増やす努力を惜しまないことです。

例えば、この本の主題である「書く」行為を表現する言葉を思い付くまま挙げてみましょう。

書く、（字を）記す、したためる、字にする、書き記す、書き付ける、書き込む、書き続ける、書き留める、書き抜く、書き添える、書き残す、書き散らす、書き写す、写す、引き写す、筆をとる、揮毫《きごう》する、筆記する、筆を走らせる、加筆する、略記する、特記する、（文章を）作る、つづる、草する、（本を）著す、執筆する、著述する、撰する、操觚《そうこ》、書き下ろす、（さらさらと）書き流す、書き入れる、健筆を振るう、特筆する、大書する、（きれいに）清書する、浄書する、（事実を隠さず）直筆する、（事実を曲げて）舞文曲筆する、（急いで）走り書きする、（ワープロを）する・打つ・たたく・押す、……

調べればもっと多いはずです。その中から、その場その場に応じて最も適切なものを選びます。では、語彙を増やすにはどうすればいいでしょうか。それはまず、いい文章をたくさん読むことです。何度も読み返し、どのような場合にどんな言葉が使われているかを研究するといいでしょう。国語の辞書を常に座右に置いて、知らない言葉、意味を確認したい言葉は直ちに引いてみましょう。

語彙を増やす機会は、読書に限りません。翻訳家の小沢瑞穂さんは、ある新聞で次のような話をされていました。「ボキャブラリーを増やすために、私は今、俳句の会に入り、年上の人たちが使う言葉や言い回しに耳を傾けたり、昔の日本映画を見たりして、今も使われている日本の美しい言葉に触れるよう努力しています。毎朝、新聞を隅々まで読み、時代の言葉の感覚を得たり、例えばこの言葉は漢字熟語で表現するのがいいのか、かみ砕いた言い方のほうが一般的なのかといった表記の仕方の参考にしています。新聞記事の中のルポものなどでは、男性と女性の話し言葉の違いには特に注意を払います」。名翻訳はこうした努力から生まれるのですね。

私の経験した語彙増やしの例を挙げると、武田百合子さんの『日日雑記』を読んだときのことです。作家の色川武大さんたちと国技館に大相撲を見にいったことが述べられ、その帰り道にこんなくだりがありました。

> 銀座へ向う車の中で、色川さんは出来るだけがかいを縮めようとして両手をふくらんだ鳩尾の上で組み合せ、がっくり首を垂れて眠っていた。

この「がかい」（傍点は原文通り）という言葉を、恥ずかしい話ですが、私は知りませんでした。辞書を引いてみました。すぐ手の届くところにある小型辞書には、「がかい」は「瓦解」と「画会」の二つの単語が載っていましたが、どちらも縮められるものではありません。手を伸ばして三省堂の『大辞林』を引いてみます。「がかい」が四語載っている中で、最初に「がかい　外観。図体。かさ。『――悉く広大なり／西国立志編』」とありました。これに違いありません。

明治時代には使われていた言葉のようです。さらに広辞苑を引くと「かさ。図体。日葡『ヲウキナガカイ』」とありました。日葡辞書が作られた十七世紀初頭にさかのぼることが分かりました。大辞林、広辞苑ともに漢字を当てていません。純粋な和語のようです。そこで岩波の古語辞典を引いてみると、「がかい」はありませんでした。

調べついでだと、小学館の『日本国語大辞典』を引いてみると、さすがに詳しい記述でした。「外見の大きさ。かさ。図体」とあり、日葡辞書と西国立志編の用例をもっと詳細に引用しているほか、新たに洒落本の『商内神』から「其中でおれがいっちおもい。このがけへだから」という用例を載せていました。また、秋田県から福岡県までの各地の方言で、「がかい」あるいは「ぐゎかえ」「がけえ」が外見、構え、大きさ、体格、体力などを意味しているという記述もありました。結構、愛用されていた言葉のようです。何かの折に一度使ってみようと考えました。

古来の和語と、中国から伝えられた漢語、それに近年の各種の外来語と、極めて豊富な語彙を誇るのが日本語です。多くの作家や文章家、歌人、俳人、詩人たちによって駆使され、今は眠りにつきかけている由緒ある言葉の数々が、目を輝かせながら、皆さんの文章の中で生命をよみがえらせる日を待っています。それぞれ微妙に違うニュアンスをきちんと把握して、言葉を選びぬき、文章を組み立てることに挑戦してください。言葉の着地点がぴたりと決まる、心地よい体験を繰り返すに従って、あなたは文章を書くことの奥深さ、面白さから離れられなくなることでしょう。

時・場所・場合にふさわしく

文章はファッションに似ています。T・P・Oが大切です。

「人《にん》を見て法を説け」という言葉があります。相手の出方に応じた臨機の処置を取ることが大切だといった意味です。仏教から出た言葉ですが、文章の心得としても立派に通じます。手紙一つをとっても、仲のいい友人に出す手紙と目上の人に出す手紙では、書き方が全く異なることはお分かりだと思います。

毎日顔を合わせている親友にあてて、「拝啓、春暖の候、貴下ますますご健勝のこととお喜び申し上げます」などと書き出したら、相手は「あいつめ、とうとういかれたか」と思うでしょう。逆に、学校時代の恩師に「ハーイ。今ハワイにいます。カワイコちゃんに囲まれて、ゴキゲンの毎日だヨーン」などと書いたら、先生は、自分がどう教育を誤ったのかと、深刻に悩むに違いありません。

作家の三島由紀夫が大学を出て大蔵省に勤務した当時、大臣演説の草稿を書いたところ、課長に下手だと評され、上役の手で根本的に書き直されたという有名なエピソードがあります。「その結果できた文章は、私が感心するほど名文でありました。それには口語文でありながら、なおかつ紋切型の表現の成果が輝いておりました。そこではすべてが、感情や個性的なものから離れ、心の琴線に触れるような言葉は注意深く削除され、一定の地位にある人間が不特定多数の人々に話す独特の文体で綴られていたのであります」と三島は『文章読本』で皮肉たっぷりに回想していました。

ただし、役所の文章が余りに個性的になっても、いろいろ不都合な面が出てくるかもしれません。会社の仕事で書くビジネス文書と、自由な立場で綴るエッセイの文体は、違っていなければかえっておかしいと言っていいでしょう。

同じ文章でもその場合、場合で、適切で優れた文章にもなり、場違いな悪文ともなります。ファッションの世界と同様、文章にもT・P・O（時・場所・場合）が存在するのです。

この場合、具体的にどのような点に注意すればいいかを二、三挙げておきます。その一つは人称代名詞です。日本語は自分や相手のことを指す言葉が「私」「あなた」「ぼく」「君」「おれ」「わが輩」「お前」など極めて多彩ですが、どのようにそれぞれを使い分けるか、おのずから常識的な線があります。目上の人に出す手紙に「ぼく」「おれ」とは書きません。反面、親がまだ小さい子供に「あなた」と呼びかけるのも、いささか不自然です。

また、「〜です」「〜します」といった書き方にするか、「〜だ」「〜である」といった書き方をとるか、縦書きにするか、横書きにするか、分かりやすい身近な言葉を使うか、格調高い漢語を使うか、普通に使われる漢字の新字体や現代仮名遣いではなく、あえて旧字体や旧仮名遣いを使うかどうか、なども、それぞれT・P・Oにかかわるところがあります。この本ではこれらの点にも触れていますので、それぞれの個所をお読みになってください。

書き方の基本

原稿用紙はこう使います。「一字下げ」や「改行」を覚えましょう。

文章はパソコンで入力し、プリンターで印字するという人が最近は大幅に増え、原稿用紙を使う人は減ってきているようです。しかし、パソコン入力の基本になっているのは原稿用紙での書き方です。原稿用紙の使い方は、一応は心得ておくべきでしょう。

原稿用紙を使う目的は、一つには自分および他人に読みやすくするためであり、また、字数（行数）を正確に把握するためです。原稿を依頼された場合や原稿を印刷所に回す場合、字数がはっきりしないと、相手を困らせることになります。

市販の原稿用紙は縦書きのものも、横書きのものもあります。横書きの問題には次節で触れます。縦書きで書く場合、普通は題名と自分の名前を書いたあと、本文を書き始めます。その場合、必ず一ます空けて、二ます目から書き出します。これを「一字下げ」と言います。字は一ますに一字ずつ書きます。一ますに二字書き込んだり、一つの字で二ますも三ますも占領したりすると、ます目のある原稿用紙を使う意味がなくなります。「。」や「、」などの句読点、「　」、『　』などの符号類も、原則は一符号一ますです。句読点の詳しい使い方は第四章で述べます。

字は下手でも構いませんが、他人に読ませる原稿の場合は、できるだけ読みやすいように、大きく書いてください。判読に困るような殴り書きは、読んでもらう相手に対して失礼です。句読点・符号の類も見落とされることのないよう、ある程度大きく、はっきりと書きます。

何行か書き進めると、区切りのいいところでその行を終わり、その続きは改めて次の行ということになります。これを「改行」と言います。その場合も最初の一ますは空けて、次のますから書き始めます。前の行がちょうど最後のますで終わり、ぎっちり詰まった形になっているとき、次の行の最初のますを空けておかないと、読む人には改行したのか、それとも文章がそのまま続いているのか、見当がつかないからです。

改行の最初が「や『の場合、一字分空けないで最初のますに書く人が割に多いのですが、これは同じ理由で誤りです。「も『も改行の最初の場合は、一字下げにし、二字目のますから書き出すべきです。原稿用紙が二枚以上になる場合、二枚目の最初の字は最初のますに書きます。改行でない限り一字下げにしてはいけません。

一字下げは、もともとは欧米の文章の習慣で、日本の昔の文章には一字空けはなく、行頭からぶっつけで書き出すのが普通でした。今でも手紙やはがきの場合は、空けないほうが正しいと言う人もいます。

伝統の世界のあいさつ状などはその例です。ある能楽の団体の演能会のプログラムに、こんなあいさつが載っていました。

御挨拶
謹白　重陽の節句経て実りの候を迎へ　各位愈々御静適に渉らせられ　大慶に存じ上げま

す
年毎に企て丶参りました○○の会を　当年も又左記の通り開催させて戴きます
これ偏へに　会員各位の温い御後援の賜と　厚く御禮申し述べます
最近の我が国の世相は　時移り世変り日々の心情もゆるゆるいとまもなき荒波に追はれて
は居りますが　「嵐は吹けども松はもとより常磐なり」と謠はれ居ります通り　心の糧な
る能楽は盤石の指針を持って居ります（以下略）

このあいさつ状は句読点も使っていません。つまり、日本語の文章で一字下げをしない書き方も存在し、それは決して間違いだとは言えないのです。

しかし、普通は一字下げにし、句読点も使ったほうが読む人にとって読みやすい文章になります。みんなに通用する文章のルールは、特別の理由がない限り、尊重したほうがいいと思います。

横書きの注意点

数字は算用数字を使いますが、漢数字のほうがいい場合もあります。句読点にも注意が必要です。

欧米諸国で本屋に行って棚に並んだ本を探そうとすると、首をかしげなければ背表紙のタイトルが読めません。日本の本屋ではまっすぐな姿勢のまま、本が探せます。日本語は縦にも横にも書ける、まことに便利な言葉だからです。縦書きか横書きか、新聞や雑誌、単行本などでは縦書きが多数派です。読みやすさで言えば、横書きより縦書きのほうがまさっているようです。

しかし、官庁の公文書は戦後横書きが原則とされ、民間企業の事務文書も横書きがほとんどでした。理科系の論文は言うまでもありません。さらに、それ以外の分野、文科系の文章や私的な文章で日本語を横書きにする若い人が最近は増えているようです。学校のノートを横書きで取っていたせいもあるのでしょうか。手紙も日記も横書き派が珍しくなくなりました。縦書きが常識だった国語の辞書も近ごろは横書きのものが何種類も出ています。横書きで作品を発表する小説家も現れています。かなり以前のことですが、石黒達昌氏の横書きの『平成3年5月2日、後天性免疫不全症候群にて急逝された明寺伸彦博士、並びに……』が芥川賞候補になり、横書きの上英文とのまぜ書きだった水村美苗さんの『私小説 from left to right』が野間文芸新人賞を受けるなど、文学の世界への横書き進出が話題を呼んだこともあります。

そこで、横書きの場合の注意点を二、三述べておきます。

一つは数字です。縦書き文も近年は大幅に算用数字を使うようになってきましたが、もともとは単位語（十、百、千、万、億など）付きの漢数字を使うのが原則でした。これに対して横書き文が使うのは主として算用数字です。しかし、横書き文でも次のような場合はなるべく漢数字を使ったほうがいいと思います。

① 固有名詞や歴史的に表記が固まっている言葉（六本木、九州、五五年体制など）

② 「世界一」「一因」「一極集中」といった熟語や慣用の定まった言葉、ことわざ（鳩に三枝の礼あり、三十にして立つ、人のうわさも七十五日など）

③ ひとつ、ふたつ、みっつ…と読む場合

④ 不定数（二、三人、数十日、十数億円など）

第二の問題は句読点です。横書きの学術論文では、句点（。）、読点（、）の代わりにピリオド（.）、コンマ（,）を使います。しかし、ピリオドは句点より見にくく、加えて中点（・）とまぎれやすいのが欠点です。普通の文章なら縦書き文同様、句点、読点を使うことを勧めます。一般の新聞・雑誌は、横書きでも句点、読点を使っています。引用符も、学術論文ではクオーテーションマーク（" "）、ダブルクオーテーションマーク（" "）を使いますが、バタ臭く、漢字・仮名になじみません。かぎ括弧（「　」）や二重かぎ括弧（『　』）、あるいは山形括弧（〈〉）を使うほうが違和感がありません。なお、句読点の詳しい説明は第四章を読んでください。

第三の問題は、手紙の書き方ですが、手紙の項を参照してください。

パソコンで書く

漢字を忘れる、そのくせ漢字使用が増える、文章が冗舌になる、変換ミス、など欠点克服の努力を。

ＩＴ（インフォメーション・テクノロジー）時代を謳歌するのは、若い人たちばかりではなくなっています。日本の六十五歳以上人口の一一％がパソコンや携帯電話でのｅメールを利用しているという調査がありました。一度パソコンのワープロソフトで文章を書くことを覚えてしまうと、ボールペンや鉛筆で一字一字書き込んでいかなければならない手書きには戻れなくなります。私も、もともと悪筆のためもあって、原稿はこの十数年来、パソコンで打っています。パソコン打ちには次のような利点があります。

◇書くスピードの早さです。パソコンは慣れれば肉筆以上の早さで書けます。浮かんでくるアイデアを次々に字にするのに適しています。

◇漢字が簡単に書けます。ふだん使わない難しい漢字は、普通は一々辞書を引かなければ書けませんが、パソコンなら読みを入力するだけで、よほど難しい字でないかぎり、たちどころに目指す漢字が出てきます。

◇添削が極めて容易です。手書きでは書いた文章が気に入らない場合、消したり、書き加えたりすると原稿用紙はさながら迷路の観を呈することになります。パソコンは添削の痕跡をとどめず、清書の手間が要りません。この添削自由性は、字数が厳密に規定されている原稿を執筆する場合、特にありがたい機能です。

◇校正機能付きのパソコンなら、自分では気づかない文章の誤りも訂正してくれます。

◇複製が手軽にできます。文章を書いたあと保存しておけば、次に同内容の文章を書く場合、一瞬のうちに取り出せます。似た内容の文章を書くときは、必要箇所だけの手直しで済みます。

◇印字が容易です。書いたばかりの文章が、だれでも読める好みの活字体で仕上がります。

◇文章を他人に送る場合、パソコンなら、印刷したり、封筒に入れて切手を張ったり、ファックスにかけたりする必要はありません。eメールで一瞬のうちに送れます。

◇パソコンのキーボード入力は中年の人には取っ付きにくいのですが、音声入力なら簡単です。

反面、次のような欠点があることも事実です。

第一に、漢字の勉強をしなくなります。かなり難しい漢字でもキーをたたけば簡単に出てくるので、苦労して漢字を覚える努力をしなくなりがちです。

第二に、ミスが見逃されやすくなります。印字はきれいに仕上がりますが、人間には潜在的に活字信仰があり、印刷されたものは無条件に信用してしまう傾向があります。原稿用紙に鉛筆で書かれた原稿のミスは割に見つけやすいのですが、ワープロ用紙に印字されてしまうと、文法上の誤りや誤字、書き直したほうがいいような表現があっても、見落としがちです。

第三に、気を付けないと漢字の多い黒々とした文章になりやすいのです。漢字が簡単に書けるという利点の裏返しです。漢字が多すぎると、読みにくい、硬い文章になります。

第四に、いわゆる冗舌体、おしゃべりな文章になりがちです。鉛筆やボールペンに比べて数倍書きやすいため、つい余計なことまで書き込んでしまいます。書いたあと「簡潔」「簡潔」とおまじないを唱え、不要な箇所を厳しく削る作業が欠かせません。

第五に、変換ミスには特に綿密な注意が必要です。同音異義語が多いのが漢語の特徴です。「文章の構想を練る」と書くとします。「こうそう」という読みの漢語はそのへんの辞書に載っているものだけで二十近くあります。ならべてみると、高層、抗争、広壮、高僧、好走、後送、皇宗、紅藻、香草、公葬、校葬、航走、航送、降霜、高燥、鉱層、訌争、倥偬……といった具合です。おしまいのほうの訌争（内輪もめ）や倥偬（急な用事に追われる、忙しい様子）は今はほとんど使われない言葉なので、キーボードをたたいて最初に出てくる気遣いはありませんが、高層、抗争、広壮くらいなら出てくる可能性は大いにあります。うっかりしていると、「文章の抗争を寝る」「文章の高僧をネル」などと書いてミスに気が付かないまま、そのまま確定してしまう恐れはじゅうぶんにあります。

今この文章を書いているときも、「洗剤敵に」「活字振興」「鶏口がある」などといった言葉が最初に出てきました。それぞれ「潜在的に」「活字信仰」「傾向がある」と変換し直して、ご覧の文章にしました。近ごろ新聞や雑誌を読んでいて、「黒木長瞳」「流言卑語」「対象的な風景」「必死の情勢」など、どうしてこんなと頭をひねる間違いの少なくない部分は、ワープロ変換ミスだと思っていいでしょう。それぞれ「黒き汝が瞳」「流言飛語」「対照的な風景」「必至の情勢」が正しいのですが、読む側に漢字の知識が足りないと、ミスだと思わず、それで正しいと思い込むことになります。パソコン使用には漢字の学習、同音異義語の学習が不可欠です。

第六に、マウスやキーの処理を誤ると、せっかく書き上げた文章が一瞬のうちに消えてしまう不測の事態もあり得ます。パソコンのマニュアルをじゅうぶん頭に入れて、誤操作がないように気を付けてください。

パソコンで打った文章で、もう一つ注意したいのは、手紙です。慣れてくると、手紙やはがきもパソコンで書きたくなります。悪筆の恥をさらさなくて済み、コピーをとらなくても保存できます。プリンターは普通、はがき印刷の機能を備えていますから、どうしてもパソコンで打ってしまいます。事務的な文書はそれが当然であり、読みやすさ、誤読されない点では肉筆より優れています。

問題は個人的な手紙です。個人的なはがきや手紙をパソコン打ちでもらうと、正直言って以前はがっかりしました。自分の手で書いた字は、たとえ金釘流でもそれなりの個性があり、人柄がにじみ、息遣い、心情が伝わってくるように思えるからです。もっとも、これも慣れの問題です。個人的な書簡でも欧米では昔からタイプ打ちが普通です。最近はパソコンの手紙、はがきに違和感はほとんどなくなりました。

ただ、世の中の人がすべてそういう感覚であるかどうかは分かりません。ことに、先輩、上司に当たる高齢の人に対し、誠意をこめて平素の無沙汰をわび、近況を報告し、頼みごとや意見の交換をする手紙やはがきの場合は、パソコンは下書きまでにとどめ手書きとすることを勧めたいと思います。

第二章

書き始める

テーマの設定

ちょっと考えればテーマは次々に出てきます。出てこない人にはこんなヒントを。

「まず書いてみることです。自分は書けないと思わないで、何でもいいから、枚数など気にせず、書こうと思ったことを書いてみる。書いているうちに展望が開けることが、しょっちゅうありますよ。机の前に座って考えているのではだめ、主人公の名前を決めて、夕暮れの景色の中でもどこでもいいから、ほうり出して、書き出すんです」

こう言っているのは作家の三好徹さんです。ある新聞がヒューマン・ドキュメンタリーの応募者のために掲載した座談会の一節ですが、広く文章を書く人に適切なアドバイスです。

もっとも、ドキュメンタリーに応募する人は、何について書くか、すでに心積もりのある人がほとんどでしょうから、「まず書いてみ」ればいいのですが、皆さんはその前に「何を書くか」を決めなければなりません。しかし、「テーマ？　困った」などと弱音を吐かないでください。ちょっと考えれば、天下国家のこと、家族や友人のこと、身の回りのこと、子供のころの思い出など、言いたいこと、書きたいこと、書けることは続々と出てくるはずです。

もっとも、中には、いくら考えても何も思い付かないという人がおいでになるかもしれません。そういう人のためにヒントを提供しておきましょう。

その一つは、第一章でもお勧めしたように、他人に見せる必要のない日記から始めることです。

一日の行動を振り返り、ふだんと違っていたことを書きます。何年も消息が途絶えていた古い友人から電話があった、街を散歩していたら、いつの間にか新しいビルができて、珍しいものが並ぶ店が開いていた、いつもはドバトかカラスかスズメしかいない公園にムクドリが来て、えさを探していた、といった事件や見聞は、絶好の材料です。

二つ目は、新聞の投書欄を参考にすることです。新聞には毎日五、六本から十本前後の投書が掲載されており、首相へのエール、閣僚の戦争発言批判、コメの作柄、台風、食品を廃棄するコンビニなど、硬軟とりまぜたさまざまなテーマが四百字から六百字くらいの文章で扱われています。それを読んで、全く同感だと思ったり、いや違うと思ったりしたときは、共感する文章、あるいは反論する文章を考えてみることです。投書者の身の回りのことをつづったものがあれば、それにならって自分の身辺の出来事をまとめてみます。

その三つは、これも実際に書かれた文章のタイトルをながめて想像力を刺激することです。新聞、雑誌、単行本。参考にできる材料はそれこそ周辺に山のようにあるはずです。その中に、気に入ったものがあれば、その題か似た題で、自分の文章を作ってみることを勧めたいと思います。

起こった順に書いてみる

一番やさしく、一番基本的な書き方です。

書くべきテーマが決まりました。では、どう書き出せばいいでしょうか。一番やさしいやり方は、物事を、その起こった順、発生した順に書き並べていくことです。

新聞にこんな作文が載っていました。

> 子ども会のみんなといっしょに、パン工場とガラスのさとにいきました。さいしょに、パン工場でパンがやけるのを見ました。オーブンのちかくはとてもあつかったです。おみやげのはこをもらいました。はこの中にはパンが入っていました。うれしかったです。つぎに、あるいてガラスのさとにいきました。ぼくは、ガラスやかがみでできためいろを何回もとおりました。いっぱいあるいてつかれたけれども、たのしかったです。

作者は七歳の小学二年生です。自分の経験を経験した順に素直に書いており、読んでいてすんなり頭に入ります。「うれしかったです」「たのしかったです」という感想は、作文には感想をつけるようにという教師の指導によるものでしょう。

むろん、大人がこうした書き方をしても、差し支えありません。

その日、西新宿の高層ビル内に位置するホテルの客室で原稿を明け方に書き終えてベッドへと潜り込んだ僕は、午前十時過ぎに目覚めた。自宅の留守番電話を聞くと、最初に入っていたのは連載担当の編集者からの、もしかしたら関西方面に行ってらっしゃるのではと心配になって掛けてしまいました、というメッセージだった。

意味する所が今一つ僕には理解出来ず、小首を傾げながら二番目に進むと、大変だよ、田中、神戸が地震で壊滅状態だ、と亢奮気味に語る友人の声だった。

神戸で地震？　壊滅状態？　悪い冗談じゃないのか。しかし、彼はそんな性格の持ち主じゃない。普段は滅多に見ることのないTVを付けて確認してみようと考えた。

（田中康夫『神戸震災日記』）


起こった順方式の採用は、日記だという事情もあるのでしょう。大抵の人は時間の経過に沿って日記を書きます。起こった順、発生した順に書き並べていくのは、いささか幼稚ではありますが、文章作成の基本だとも言えます。古来、一番書きやすく、取り付きやすい書き方でした。

西暦紀元前十世紀から五世紀ごろにかけて書かれたとされる旧約聖書の『創世記』も、八世紀初めに作られた『古事記』もこの方式です。

結論から書く・過去にさかのぼる

強い印象を与えて効果的であり、さかのぼるのは映画や小説によくある手法です。

次はやはり新聞に載った、小学三年生女子の作文です。

> 今度から、わたしと妹はいっしょに家のまわりをじてんしゃにのってあそびます。妹がころなしじてんしゃにのれるようになりました。毎日少しずつれん習していました。ころびそうになったら足をついて、何度も何度もれん習しました。「あっ、ああちゃんのれるようになった。よかったね」とわたしもいっしょによろこびました。

珍しいことに、結論から書き出しています。これをもし、起こった順に書くとしたら、「妹が自転車の練習を始めた。何度も何度も練習した。やっと乗れるようになった。私も喜んだ。今度から一緒に乗って遊べる」という文章になるはずで、悪くありません。しかし、どちらかと言えば、結論から書き出した原文のほうが強い印象を与えます。妹と一緒に自転車に乗って遊べるようになった喜びが、真正面からぶっつけられているからです。

この「結論から」方式は、会社の起案書、報告書など実用的な文書の場合はことに効果的です。文書の趣旨が直ちにのみ込めるので、読み手をいらいらさせません。

次は新聞に載った五十二歳の主婦の文章です。（一部省略）

梅雨の晴れ間、大急ぎでジャガイモを掘った。ジャガイモには胸の痛む思い出がある。しゅうとが元気なころは掘り役を毎年のように引き受けてくれ、私は拾い役だった。

こうして掘ったジャガイモを乱切りにして炊き、夜のおかずに出すと、しゅうとは決まって「ジャガイモは丸くストンストンと切った方がうまいんじゃがのう」と言った。私は「そうですか」と言って素知らぬ顔をした。「丸く切って炊くなんて田舎くさくって」と胸の中で思い、輪切りにはして上げなかった。

つい先日、しゅうとの十三回忌をした。そして今ごろになって、ジャガイモを切る度に、さして難しいことでもないのに、なんで言うことを聞いてあげなかったのか、しきりに悔やまれるのである。おじいさん、ごめんなさい。強情な嫁でした。

しゅうとに詫びる嫁の心情が読む人の心を打ちます。書き出しの第一段落（梅雨の～思い出がある）は現在の出来事であり、第二段落（しゅうとが～拾い役だった）は十数年前のことで、文章の中で時間が逆行しています。このさかのぼる書き方には、起こった順に書くのとはまた異なった訴える力があります。実はどちらも小説や映画に使われる手法です。夏目漱石の『坊っちゃん』は起こった順であり、『こころ』はある時点からの回想型です。映画の『風と共に去りぬ』や『ローマの休日』は起こった順で、『哀愁』や『アマデウス』『市民ケーン』は時間逆行型です。

起承転結

もとは漢詩の構成法でした。

前節のジャガイモ掘りの文章にはもう一つ特徴があります。書き出しから結びまで、文章が巧みに組み立てられていることです。

もう一度読み直していただきたいのですが、第一段落で「思い出がある」と話を切り出し、第二段落で「しゅうとは毎年ジャガイモを掘ってくれた」と話を進めています。第三段落では一転して「しゅうとは輪切りのジャガイモを食べたがっていたのに、私は素知らぬ顔だった」と告白し、第四段落で「おじいさん、ごめんなさい」と詫びて終わっています。こうした構成がいわゆる「起承転結」です。

念のために説明しておくと、起承転結は、もともとは漢詩の構成法の一つでした。四つの句で作られる「絶句」では、第一句が「起」で、詩意を起こし、第二句が「承」で、起句を受け継ぎます。第三句が「転」で、一転して別の境地を開き、第四句は「結」で、一編全体の意を総合する——といった説明がされています。

私の好きな、唐の孟浩然の五言絶句「春暁」を例に取ると、

春眠不覚暁（春眠　暁を覚えず＝暁に気付かず、眠り過ごしてしまった）が「起」、

処処聞啼鳥（処処　啼鳥《ていちょう》を聞く＝目をつぶっているとしきりに鳥の声がする）が「承」、

夜来風雨声（夜来　風雨の声＝ゆうべはかなりの吹き降りだった）が「転」、
花落知多少（花落つることを知る　多少ぞ＝花はどのくらい散っただろうか）が「結」、
ということになります。

戦前の漢詩の入門書を見ると、こんな説明もされています。

「頼山陽先生は、起承転結を俗歌で会得できるようにされた。すなわち、
浪華《なにわ》本町糸屋の娘　………………起句
姉は十八妹は十五　……………承句
諸国諸大名は弓矢で殺す　……転句
娘二人は眼で殺す　……………結句
起句で娘を出し、娘の年齢で受け、よそのもの（諸国諸大名）を持ってきて転じ、娘二人の活動で結句とする。起承転結をうまくまとめていけば詩になる。まとまらなければ支離滅裂、何の意味もなさない」（釋清潭・林古渓『作詩關門』より意訳）

効果的な構成法なので、漢詩だけでなく連歌や俳諧の制作にも取り入れられ、やがて散文の構成にも広く応用されることになりました。一般の文章教室では、ほとんどといっていいほど講師は受講者に「起承転結のある文章を書け」と指導しているようです。

読んでいて、うまいなあと感心させられる文章は、この構成、「転」でそれまでの記述をひっくり返したり、意外な新事実が書き込まれたりする構成になっていることがよくあります。例文の主婦も、あるいは意識して構成を考えたのかもしれません。

序論・本論・結論

舞楽や能楽でも使われた、オーソドックスな書き方です。

起承転結は極めて優れた文章構成法です。しかし、だからといって、すべての文章に起承転結がなければいけないということはありません。ことに、実用的な文章、職務上での報告書や起案書などは、論理の筋を通すことが何よりも大切ですから、「起」「承」まではいいのですが、その後「転」と来て、それまでの文章の流れが一転すると、時としては、読んでいる人が「何だ。これは」と怒ったり、あきれたりすることになってしまいます。

あるいは、学校や会社の試験などで、決められた時間内に論文や作文を書く場合、起承転結にこだわり過ぎると、かえって時間がなくなり、文章を完成できないうちに制限時間が来て、逆効果を招くといった悲劇もありえます。こうした場合の文章は、平凡ではありますが、「序論・本論・結論」という三段階の構成にすることが、最もオーソドックスな書き方でしょう。この三段階方式は、舞楽や能楽の構成の古くからの呼び方をとって、「序破急」とも呼ばれています。

能楽の世界の序破急は、一日の番組構成で、最初に演じる脇能《わきのう》と二番目の修羅能《しゆらのう》が「序」、三番目の鬘物《かずらもの》と四番目の狂女物《きようじよもの》が「破」、最後の切能《きりのう》が「急」だとされているほか、一つの曲の構成で、「序」はワキ（脇役）の登場から着《つき》ゼリフ（その場に到着したことを告げるせりふ）の終わりまで、「破」は前シテ（前半の主役）の登場から中入りまで、「急」は後シテの登場から能の終わりまでといった説明がされています。

能に詳しい白洲正子さんは次のように書いています。「序が破をうみ破が急をうんでゆくところに、谷間からわきおこる雲のようなお能のふんいきが見物をつつんでゆきます。よい演出が終わりへゆくにしたがって息もつかせぬほどおもしろくなるのは、知らず知らず序破急の魅力が観客の心をとらえてゆくからであります」（『お能』）

では、文章の場合の序破急は、新聞の投書から例を挙げると、

高台の住宅地で休日の早朝にパトカーのサイレンが鳴った。またやられたな、と目を覚ます。

高台の下の田んぼの中の交差点が一時停止になっている。標識は見づらく、山道のようなところに一時停止があるとは気づかず通り過ぎると、近くの木立にイタチのように隠れていたパトカーがさっと飛び出してくる。

なぜ標識を見やすくし、事故が起きないようにしないのだろうか。違反者を作るのではなく、少なくするのが交通安全の目的ではないか。

第一段落が序論（序）、第二段落が本論（破）、第三段落が結論（急）であることは、言うまでもありません。

コンテを作る

文章を構築するための設計図、青写真です。

序破急、起承転結、起こった順、過去にさかのぼるなど、いろんな文章の書き方があります。ここで勧めたいのは、文章を書き出す前に、その文章をどう書くかというコンテ、言い換えれば設計図、あるいは青写真を作ることです。

例えば一軒の家を建てるとします。柱を立て、壁を作るのに大工さんが頼りにするのは、どこに台所を置き、どこに居間を配置するかという設計図です。設計図なしでは、床はでこぼこ、柱は斜め、天井は穴だらけといった家ができかねません。

文章を書く場合も事情は変わりません。長い文章でも短い文章でも、書き出す前にコンテを適切に作っておけば、意外に楽々と書き上げることができます。昔、私が新聞のコラムを毎日書いていたころ、最も苦労したのは、その日何を取り上げるかであり、次に、それをどのように書くかでした。テーマを決めればその日の仕事の半分が終わり、どのように書くか、大筋を決めてコンテ（実際はごく簡単なメモ）を作れば、仕事の八割が済んだような気になることができました。

参考までに、そのころのコンテの例を一つ紹介しておきましょう。恒例の春の叙勲が発表され、受章者リストが大きく新聞に載った日のことです。見ると、競艇事業を取り仕切っている某氏が勲一等で、リストの最初のほうに名が並んでいます。よし、今日は叙勲を取り上げようと考えました。そのあと作ったコンテ（もちろん現物を保存している訳はないので、これはおぼろげな記憶による創作的復元です）は次のようなものです。

▼バナナ、運動会、学生、会社
▼成績、重役、結婚記念日
▼資格、囲碁、将棋、柔道、剣道、自衛隊
▼勲章、その道一筋
▼社長、議員、役人ＯＢ、元締め

このメモだけでは恐らくだれにも何のことか分からないでしょう。補足説明すると、次のような思案作業の結果です。

まず、テーマを叙勲と決めたあと、どんなことを書くか、思いつく限りのことをとりあえず列挙してみました。

▽勲章は国家のために尽くした功労に対し与えられる。
▽現実には勲一等は元大臣や大会社の社長、元官学の学長、役人の古手が常連。
▽申し訳に勲六、七等あたりにその道一筋の人たちが入る。
▽同じ勲何等でも旭日と瑞宝は値打ちが違う。微に入り細にわたって受章者を格付けする。
▽競艇の収益をいろんな事業に補助しているのはいいことには違いないが、特権的な事業を独占して行っている以上、いわば当然のことではないか。
▽射幸事業を全面的に肯定していいか。

▽公的な資金が一個人の裁量で恣意的に配分されている点に問題はないか。
▽受章の背景に政治的な思惑はないか。
▽「運輸関係事業の振興、社会福祉の発展に貢献」が叙勲に値する業績だとしても、勲一等という最高位は均衡を失してはいないか。

何とか書けそうな感じではあります。しかし、考えてみると、当時の叙勲制度への批判はすでに何度か取り上げています。記憶のいい読者は「また勲章の悪口か。同じことを言っている」とソッポを向くかもしれません。個人名を挙げ、受章不当を言うことは、いささか生々しく、個人攻撃の印象を与える恐れがあります。いまさら新聞記事をなぞり、この受章はどうかと思うと書くのも知恵のない話です。あきらめてほかのテーマを選ぶべきかと、しばし考え込みました。

しかし、この日、叙勲はやはり書いておきたいテーマです。真正面からでなく、側面からやわり突けないかと考えつきました。それなら切り口です。生存者への叙勲は一等が上位で、七等が最下位ですが、むしろ、下位の名もない（失礼）、その道一筋で生きてきた受章者に共感を覚えます。では、一等が上か、七等が上か、問い直したらどうかと考えました。世の中には、数字で等級、階級、あるいは順序、序列を表すことが多くあります。柔道、剣道、空手は初段（残念ながら一段とは言いませんが）から始まって、二段、三段と数が増えるにつれて強く、偉くなります。勲章とは逆です。学校だって一年生より、上級生のほうが幅が利きます。会社も年功序列で在職年数が多いほうがいばっています。

反対に一が一番目のものもあります。そんな例を並べてみたらどうなるでしょうか。

まず、数が若いほうが上位だとされているもの。
◇自衛隊の階級（一尉は三尉より、一士は三士より偉いのです）
◇資格（一級建築士は二級より、一等航海士は二等より上です）
◇競走（オリンピック決勝で一等は金メダル。二等は銀メダルしかもらえません）
◇学校の成績（卒業式の総代になるのは成績が一番の生徒です）
◇重役（昔、『三等重役』という人気小説がありました）
次に数が多いほうが上位であるもの。
◇段位（柔道、剣道、空手、囲碁、将棋、マージャン）
◇学校の学年（ことに運動部では先輩は絶対です。大学では一年は奴隷で四年は神さま）
◇結婚記念日（金は五十年、ダイヤモンドは六十年あるいは七十五年）

まあこんなところでいいでしょう。どういうふうに書き出すか。結びはどう締めるか。皮肉を利かせるなら、落語調で八さんクマさんで行く手もありそうです。一は俗語でピンです。数字ついでに八さんとピンちゃんの会話ということにしてしまおう。結びはやはり、一番言いたいことで、勲章は勲六等、七等といった下位の勲等のほうがむしろ価値があるという趣旨で行くことにしましょう。そこで、先ほどから思い付いて列挙したデータ（少しオーバーですが）を、どのように配列するかを考え、メモにしたのが一番初めに示した▼のコンテ（メモ）です。

ここまで来れば、あとはコンテに沿って書いていけばいいのです。若干の時間のあと、出来上がったのが次の文章です。

先刻から八さんとピンちゃんがしきりに論争している。「決まってらあな。数ってものは、大きい方がありがたくって、偉い。バナナを八本載せたサラと一本しかないサラを出されたら、だれでも八本の方をとる」

「だってお前。運動会で賞品がもらえるのは、一等の人で、八等じゃないぜ」「なに、学校に行けば一年坊主は小さくなってるが、二年生、三年生になるとだんだんいばり始める。大学で応援団や運動部に入ってみろ。一年生は奴隷、四年生は神さま。会社だって年功序列といって、入社一年より入社八年の方が偉いんだ」

「八さんは古いなあ。学校ではみんな人をけ落としても一番になろうとするじゃないか。会社だってむろん、三等重役より一等重役の方が幅が利く」「なに言ってるんだ。結婚記念日を考えてみろ。一年は紙で、二年はワラか木綿。ろくな贈り物じゃない。年数を重ねなければ金や銀にはならない」

「しかし、一級建築士は、二級建築士にはできない仕事ができるし、一等航海士は二等航海士が動かせない船も動かせる」「だめだめ。囲碁、将棋、マージャン、それから柔道に剣道、空手、みんな初段や二段より八段や十段の方が問題なく上位だ。初段にもチャンスが与えられているのは、囲碁の棋聖戦くらいなもんだ」「それでも自衛隊は一佐や一尉の方が三佐や三尉より上だ。そういえば勲章だって一等の方が七等より……」「あきれたなあ。まだ勲章は一等の方が偉いと思ってるのかい。勲章は今では六等や七等の方が、ずっと偉いんだよ。受章した顔ぶれを見てごらん。その道一筋、心から尊敬したくなる人はおおむね六等か七等だ」「でも……」
「だいたい、ピンちゃんの好きな勲一等はだれがもらった。会社社長か国会議員、役人や大使のＯＢ、それにバクチ稼業の元締めじゃないか。どうみたところで、勲六等や勲七等の方が、ずっと格が上だ」「ウーン、負けた。残念ながら、どうやら八さんの言うとおりだなあ」

叙勲の制度はその後少し変わりましたので、必ずしも適切な例ではなかったかもしれませんが、コンテの作り方をだいたいのみ込んでもらえたと思います。さっそく文章作りに試してみてください。序論・本論・結論、あるいは起承転結、どちらでも構いません。文章の筋が一本きちんと通るように、しっかりとコンテを組み立ててさえおけば、ベテランのガイドに連れられて山に登るような感じで、文章がすらすらと出来上がっていくのが実感できるはずです。

書き出しを工夫する

Ⅰ 即題法（解題法）、Ⅱ 題言法（前置き法）、Ⅲ 破題法の三つの型があります。

作家の渡辺淳一氏が次のように書いています。

「おしなべて作家がもっとも気をつかうのは書き出しとラストです。なかでも冒頭は、まず最初に読者の目に触れる部分ですから、読者を魅きつけるという意味で最も大切で、すべての作家が知恵をしぼって苦心するところです。」（『創作の現場から』）

これは小説の書き出しについての解説ですが、読者が真っ先に読んで、自分が読みたい文章か、そうでない文章かを判断する部分が書き出しであることは、小説に限らず、どんな文章でも同じです。それに、まず書き出さなければ事は始まりません。書き出しをどうするかは、文章を書くに当たってだれもがまずぶつかる難問です。

ただし、考えあぐねると、いつまでも書くことができません。それでは不便なので、手紙を書く場合など、あれこれ思い悩んで時間を空費しないように、「拝啓」「前略」「寒さ厳しいおりから」「うららかな季節を迎え」「暑さ厳しいおりから」「秋も深くなってまいりました」といった、用件を滑り出させるための決まり文句が愛用されています。

昔話が「むかしむかし、あるところに」とか「あったとさ」で始まるのも、仏教の大抵のお経が「如是我聞」（このように私は聞いた）で始まるのも、昔話やお経がすんなりと話し始められるための、一種の起動装置だろうと思います。

残念ながら、普通の文章には、そうした便利な決まり文句、起動装置はありません。仮にあったとしても、たちまち使い古されて、使用に堪えなくなってしまうでしょう。書き出しにどんなことを書くかは、その時々に応じて考えるしかありません。そこで、初心者に勧めたいのは、「ジャガイモを掘った」「自転車の練習をした」「子ども会の見学の話を書こう」というように、ごく素直に、起こった順に最初のことから書き始めるか、こんなことを書くとまず宣言するといった書き方をすることです。これなら、それほど苦心しなくて済みます。

ただし、文章を書くことに慣れてきたら、少しずつ工夫を凝らすことを考えたいと思います。渡辺さんは「書き出しがうまくいったときには、その後の文章も輝き躍動してきます」と書いています。

もともと文章の書き出しには、大別して、

Ⅰ　即題法（解題法）

Ⅱ　題言法（前置き法）

Ⅲ　破題法

の三つの型があるとされています。

即題法というのは題目に即して書き出すやり方で、題目を説明したり、定義を述べたり、あるいは結論を述べたりするものです。

例えば「クローン人間」という題だと、

クローン人間の問題は「すでに存在する人間を人工的に作る」ことにある。
◇
クローン人間の研究は「生命操作はどこまで許されるのか」という問題に対する挑戦である。

といった書き出しになります。
題言法は、ただちに主題に入らないで、筆者の感想、その文章をどうして書くことになったかという事情、あるいは読者への語りかけから書き出すやり方です。やはりクローン人間では、

「クローン人間の実験に実質的に成功した」というニュースを聞いたとき、驚愕と寒けを感じた。
◇
私がクローン化に関心を持ったのは、以前、テレビで「クローン化」の現状についての番組を見たのがきっかけだった。
◇
クローン人間は、本当に誕生させてはならないものであろうか。

などが、この型の書き出しだと言っていいでしょう。

破題法は、主題とは関係がなさそうな話題や、情景描写、会話から始めるやり方で、意外性があり、読者は関心をそそられます。例えば、

「あなたの値段を鑑定します」こんなホームページがインターネット上で大流行した。

◇

20世紀、世界に大変化を起こしたのは、政治でも経済でもなく科学だった。

◇

人間の臓器が使い捨てされる時代が現実化する。

といった書き出しです。

どの書き出し法をとるのも自由ですが、実用文では、即題法が普通であり、適切でしょう。報告書も起案書も、最大の目的は読む相手にその文書のテーマについて理解してもらうことです。したがって題目について解説を加え、あるいは結論をずばりと主張すべきだということになります。

三番目の破題法は別名「張り手型」とも言われています。仕事上の文章の場合、主題から離れ過ぎると「関係のないことを言うな」と決め付けられかねませんし、無用な反発を呼ぶ恐れもあります。しかし、使い方が適切なら、読者に強烈、鮮明な印象を与える点で、極めて効果的です。

「真剣勝負」という題を学生に出したとき、ことに印象に残ったのは、破題法の書き出しでした。

あと五分しかない。間に合うだろうか。もし乗り遅れたら。

◇

万雷の拍手がわきおこる。その瞬間、私は勝利を手にした。

◇

一面に広がる血。死に切れず動く体。それでも容赦なく切り裂いていく包丁。

といったものがあり、どれどれ、一体どんなことを読ませてくれるのだろう、面白そうだなと期待させられたものです。これが、即題法になると、

真剣勝負とは真剣に勝負することである。

◇

真剣に勝負している人たちの姿は美しい。

などと、ごく当たり前のことをもっともらしく書く書き出しになりがちです。そうした書き出しを読まされると、そんなことは分かっている、当たり前のことを言うなと、腹の中でつぶやきたくなります。実用文でも即題法で書き出す場合は、分かり切ったことを並べる、退屈な書き出

しにならないよう注意が必要です。

題言法も読者に親しみを与える効果はありますが、ただちに主題に入らない点、感心できない結果になることがあります。次はある福祉団体の会報に載っていた文章の書き出しの例です。

> 九月も終わる頃この原稿の依頼があり、はたと困ってしまいました。昨日のことでも忘れてしまう昨今ですが、こんなことならメモの一つでも残しておけば良かったと後悔したが、乏しい記憶を頼りにあの楽しかったひとときを思い出して見ました。

筆者は恐らく正直な気持ちをそのまま書いたのだと思います。昨日のことでも忘れることも、メモを残しておけばよかったと後悔したことも、事実なのでしょう。しかし、実際問題として、会報の読者は「あの楽しかったひととき」の報告を読みたいのであり、この筆者の記憶の衰えやメモの不備を知りたいわけではありません。会の行事の報告としては、不必要な前置きです。

ＰＴＡの会報や同窓会の会報などを見ても、よく「編集委員の人からぜひと頼まれましたので、つたない文章ですが、つづってみました」とか、「幹事から原稿を書けという命令を受けたので、責任を果たします」といった、前置き式書き出しがあります。会報委員から頼まれようが、頼まれまいが、読者にはどちらでもいいことです。こうした書き出しは紋切り型の一つであり、なるべく書かないほうがいいと思います。「頼まれた」と書かなければどうしても原稿が滑り出さない人は、仕方がないから一度書いておいて、あとで消すという手もあります。

どこで改行するか

段落の目安は、一つの話題、一つのテーマです。

「区切りのいいところで改行する」と第一章の「書き方の基本」で説明しました。改行をしないで、書き出しから最後までずっと書き続けられた文章は、読んでいて休むところがなく、落ち着きません。したがって、普通は、適当なところで改行します。「適当」の目安になるのは、ある一つのまとまった意味内容として区切りがついているかどうかです。

書き出しから改行まで、あるいは改行から改行までの一区切りの文章を「段落」と言いますが、一つの話題、一つのテーマで統一された文の塊が一つの段落になるわけです。他の話題、他のテーマが入ってきたら、改行して別の段落にします。

したがって、段落の長さは何字くらいが適当なのかは一概には言えません。一つの目安として、長さが千字前後の短い文章の場合は、二百字前後で改行すれば、意味上からも無理がなく、読みやすい文章になります。しかし、これはあくまで千字程度の文章という条件の下でのことで、もっと長い文章なら、段落も長いほうが落ち着く感じです。もちろん、意味が途切れれば、もっと短い行数で改行するほうが自然です。

文章の専門家である作家の中には、延々一ページも二ページも無改行で通す人がいます。世界の前衛作家の中には全編にわたって改行も句読点もない作品を書いている人もいます。反対に、

一行書いては改行、二行書いては改行と、至る所で改行することもあります。村上龍さんのエッセイの一節を紹介すると、

退廃はどこで生まれるのか？
退廃は、どんな場合であれ、過剰の中からしか生まれない。
あふれ出るものが、発酵して、退廃となるわけだ。
F1は、過剰だ。
究極といってもいい。
ほとんどビョーキ（古いな）といってもいい。
F1GPと比較できるものは、他にない。
ヨットなんか問題ではない。
F1GPの素晴らしさを否定するのは、おばさんの感性の持ち主である。
（『すべての男は消耗品である　Vol．2』）

こうした改行過剰や無改行は、それなりの理由によるものですから、改行が多過ぎるとか、なさ過ぎるとか言うわけにはいきません。

ただ、初心者が、とくに他人に読んでもらう文章を書く場合には、できるだけ読みやすい文章にすることが必要であり、そのためには改行の適切さは無視できない要素です。

長い文・短い文

一般的には短い文のほうが読みやすく、分かりやすいとされています。

まず、中上健次さんの『岬』から、

地虫が鳴き始めていた。耳をそばだてるとかすかに聞こえる程だった。耳鳴りのようにも思えた。これから夜を通して、地虫は鳴きつづける。彼は、夜の、冷えた土のにおいを想った。姉が肉の入った大皿を持ってきた。

次に、井上ひさしさんの『吉里吉里人』から、

この、奇妙な、しかし考えようによってはこの上もなく真面目な、だが照明の当て具合ひとつでは信じられないほど滑稽な、また見方を変えれば呆気《あっけ》ないぐらい他愛のない、それでいて心ある人びとにはすこぶる含蓄に富んだ、その反面この国の権力を握るお偉方《えらがた》やその取り巻き連中には無性に腹立たしい、一方常に材料《ねた》不足を託《かこ》つテレビや新聞や週刊誌にとってははなはだお誂《あつら》え向きの、したがって高見の見物席の弥次馬諸公にははらはらどきどきわくわくの、にもかかわらず法律学者や言語学者にはいらいらくよくよストレス

ノイローゼの原因《もと》になったこの事件を語り起こすにあたって、いったいどこから書き始めたらよいのかと、記録係《わたし》はだいぶ迷い、かなり頭を痛め、ない知恵をずいぶん絞った。

文とは、一つの意味内容、一つの事柄を述べる言葉のつながりです。普通、句点（。）で終わります。英語で言えばセンテンスです。例文を見ると、中上さんの方は百字足らずの文章の中に句点が六つあります。六個の文で構成されているわけで、一つの文は平均十六、七字止まりです。これに対して、井上さんの文章はざっと三百二十字はあるのに、句点は一つしかありません。一つの文が中上さんの文の二十倍もの長さです。

もちろん、自分の文を長くしようと、短くしようと、それは書く人の勝手であり、自由です。世界で一番短い手紙は、フランスの作家ビクトル・ユゴーが出版社との間に交わした手紙だとされています。ユゴーが「?」と書いたのに対して、出版社の返事は「!」。往信は「小説の売れ行きはどうか?」という問い合わせで、返信は「素晴らしい!」という意味でした。

もっとも、この場合、手紙が短くて済んだのは、それ以前に両者の間に意思の疎通があり、共通の理解の基盤があったからです。そうした条件がない場合、基本的な要素を文章に盛り込んでいくと、どうしてもある程度の長さが必要です。ただし、長すぎる文にも問題があります。井上さんの文章を素人がまねをしたら、読者は読んでいるうちに前のほうの内容を忘れてしまい、幾度も読み返さなければならない文章になってしまいそうです。一般的には文は短いほうが読む人にとって理解しやすくなります。初心者は文が長くなりすぎないよう心掛けましょう。

不要な主語は省略しよう

一つの文の中に主語が複数ある場合は、省略してはいけません。

学校時代、文法なんて大嫌いだったという人は多いようです。私もそれほど好きではありません。文法を知らなくても、文章は書けます。紫式部や清少納言が文法に詳しかったという話は聞いたことがありません。ただし、文章を書く上でのいろんな注意点を説明するのに、文法用語を使うと、回りくどい説明が要らず、簡単に片付き、分かりやすいという利点があります。したがって、この本では最小限の文法用語を使うことにします。

まず、主語と述語です。皆さんが学校で習った文法は、次のように教えていました。

「桜が咲く」「桜は美しい」「桜も植物だ」という文で、傍線の部分はいずれも「何がどうする」「何がどんなである」「何が何である」の「何が」を表している。このように一つの文中にあって、その文の主題または題目を表す部分を「主語」という。主語はあとの用言（「咲く」「美しい」）、または体言に付属語の付いたもの（「植物だ」）にかかっていく。これが主語・述語の関係である。したがって、主語は述語に対応し、普通は述語の前に位置する。

そう言えば、先生はそんなことを言っていたっけと、過ぎた日々を思い出す方もおいででしょう。もっとも、この「主語」について、近年の国語学では、日本語には「主語」は存在しない、日本語の文法では「主語」という言葉は使うべきでないという説が提出されています。日本語の文章では全体を統括するのは文末の述語であって、述語が一番重要な存在であり、主語は目的語や補語と同じように述語の意味内容を修飾する役割を持つに過ぎない、本来は述語に含まれるものだと考える学者もいます。『象ハ鼻ガ長イナア！』の著者、三上章氏は、「日本語には主語はない」と主張する一人で、「象ハ鼻ガ長イ」の「象」は題目語であり、「鼻ガ」は「主格に立つ補足語」だと説明しています。

そうした文法論に引っ張り込まれると、枚数がいくらあっても足りません。それに「主語」が修飾語の一種だとしても、より重要な文の要素であることは事実です。ここではこれ以上立ち入らず、学校文法の常識的な立場から、文の主題を表し、主格に立つ言葉を主語としておきます。

述語については、格別の論争はありません。「桜が咲く」「桜は美しい」「桜も植物だ」の傍線の部分が述語です。「何がどうする」「何がどんなである」「何が何である」の「どうする」「どんなである」「何である」に当たり、主語を受けて、何かを述べたり、説明したりします。

ここで大切なことが三つあります。

第一に、日本語の文章では、普通は主語を書き込まず、省略するほうが自然な場合が多いということ、第二に、しかし、主語を書き込むことがどうしても必要な場合もあり、そのときは主語と述語はできるだけ互いに離さず、近くに置いたほうがいいということ、第三に一つの文の中にいくつかの主語がある場合は、少なくとも第二、第三の主語は省略せず、はっきりと書き込まなければいけないということです。

まず、主語を省略する場合が多いということは、日本語の常識です。

山手線の電車に跳飛《はね》ばされて怪我《けが》をした。その後《あと》養生に、一人で但馬《たじま》の城崎《きのさき》温泉へ出掛けた。

（志賀直哉『城の崎にて』）

◇

志乃をつれて、深川へいった。識りあってまだ間もないころのことである。

（三浦哲郎『忍ぶ川』）

山手線の電車にはねられてけがをし、城崎温泉に出かけたのはだれか、書かれてはいませんが、それが小説の主人公、「私」であることは、言われなくても分かります。深川に行ったのが「私」だということも明白です。このように、英語やドイツ語などヨーロッパ系の現代語では絶対に省略されることのない、一人称の代名詞の「私」「僕」は、日本語では書かれないことが多く、そのほうが自然な文章になります。読む側もそれで分かります。

問題は欧文脈の文章に慣れた若い人たちの間には、「私」を書き込まないと落ち着かない人が増えていることです。

ある雨の朝、私はラッシュの電車で立っていた。隣の女性の香水と制服のぬれたにおいで、私は嗅覚から頭に不快を知らせた。いやな予感は当たり、私は次第に視野を狭め、頭から血が逃げ、肺は酸素不足に陥った。今にも倒れそうな私はあせった。倒れる直前、前の席があき、私は崩れ座った。

通学体験を書いた学生の作文です。百字ちょっとの長さの中に「私は」が五回登場します。しかし、最初の「私は」はともかく、ほかの「私は」はなくても少しも困りません。これだけ「私は」があるとむしろ、この筆者は少し自己顕示欲が強過ぎるのではないかと、あらぬ疑いをかけられる恐れがあります。必要のない主語は要りません。そう言えば、政治家の演説を聞いていると、「私は、景気回復なくして構造改革はありません」というふうに、「私は」「私は」と言いながら、その「私は」を受ける述語が最後まで出てこないことがよくあります。こちらは「必要のない主語」と言うより、「落ち着き場のないホームレス主語」といったところでしょうか。

古典ギリシャ語やラテン語でも、普通は「私」という主語は使いません。キリストの言葉「ウーク・エルトン・カタリューサイ・アラ・プレーローサイ」（私は〈律法や予言者を〉廃止するためではなく、完成するために来た）にしても、デカルトの言葉「コーギトー・エルゴー・スム」（私は思索する。故に私は存在する）にしても、ギリシャ語の「私は」である「エゴー」や、ラテン語の「私は」の「エゴ」という単語は使われていません。

どちらの言葉も主格の人称代名詞を登場させるのは、よほどの強調の場合だけです。これは主語をわざわざ入れなくても動詞の活用で主格の人称がはっきりしているためもあるのですが、もし、欧米人に「日本語は主語がない。ヘンな言葉だね」と言われたら、「キミたちの言葉のもとになったギリシャ語やラテン語もそうなんだよ」と言ってやってください。

主語は述語に近づける

離れ離れになると、意味が分からなくなったり、誤解されたりします。

主語は省略してはいけない場合もあります。書き込む場合はできるだけ述語に近づけるのが原則です。戦争の混乱の中で家族が互いに見失い、離散する悲劇が今も世界では後を絶ちません。文章の世界でも主語と述語が離れ離れになると、意味が分からなくなったり、誤解されたりする悲劇が起きてしまいます。例文は日本国憲法の前文から。

> われらは、いずれの国家も、自国のことのみに専念して他国を無視してはならないのであって、政治道徳の法則は、普遍的なものであり、この法則に従うことは、自国の主権を維持し、他国と対等関係に立とうとする各国の責務であると信ずる。

たいへん複雑な構造の文章です。主格に立つ言葉（傍線）が、「われらは」「国家も」「法則は」「従うことは」と四つあり、述語（波型の傍線）は「専念して」「無視してはならない」「普遍的なものであり」「従う」「維持し」「立とうとする」「責務である」「信ずる」と、八つもあります。文頭の「われらは」は、最初に高らかに宣言されたのはいいのですが、次々に並べられる述語のどれもが自分の動作ではありません。われらは一体何をするのだと迷い始めたころ、やっと「信ずる」が顔を出します。しかし、そのころには読む人の脳裏から「われらは」は消えており、はて、だれが「信ずる」のかと首をひねる状態になってしまいます。

悲劇を防ぐにはどうすればいいでしょうか。「われらは」と「信ずる」を一緒にさせる以外にはありません。

> われらは次のように信ずる。いずれの国家も、自国のことのみに専念して他国を無視してはならないのであって、政治道徳の法則は、普遍的なものであり、この法則に従うことは、自国の主権を維持し、他国と対等関係に立とうとする各国の責務である。

もっとも、このように主語と述語をすぐ近くに置くと、文意の把握は容易になる代わり、起草者が意図した、もったいぶった、分かりにくい文体が後退して、荘重さは消えます。荘重を選ぶか、平易か、これは執筆者の哲学の問題になります。

汚職で逮捕、起訴された元建設相が支持者に送った手紙のコピーが、新聞に載っていました。

> ふりかえってみると十七年間の私の政治活動は、公私のけじめを厳しくつけ、祖国日本と愛する○○（県名）のため、誠心誠意、全力投球しつつ取り組んできたことに対しては、現在も一点のくもりもございません。

本人が「くもりもございません」と言っても、文章のほうは不透明で、分からないところがたくさんあります。助詞の「は」が一つの文の中に二つあり、主述の対応がきわめてあいまいなことが原因です。

最初読んだときは、「《『私の政治活動は』→『けじめをつけ、全力投球しつつ取り組んできた』》ことに対しては」→「くもりもございません」という構文なのかと考えました（「→」は主述関係を示す）。

しかし、「政治活動」がけじめをつけたり、取り組んできたり（何に？）するのは違和感があります。「～ことに対しては」が「くもりもない」もこなれない言い方です。読み直して「私の政治活動」を受ける述語は最後の「くもりもございません」だと解釈すればいいことを発見しました。

「私の政治活動は」（〈私が〉けじめをつけ、全力投球しつつ取り組んできたことに対しては）→「くもりもございません」という構文です。これも「私の政治活動は」と「くもりもございません」が、余りに遠くに置かれ過ぎたために読者を迷わせることになったのだと思われます。素直に「私は～取り組んできました。政治活動は～くもりもございません」と書けば誤解の余地はなかったはずです。

もう一つ、「に対しては」はこの場合不適切で、「に関しては」あるいは「という点については」と変えるべきだと思いますが、分かりにくいあいまいな表現は、忸怩《じくじ》とした精神状態の現われだと解釈できるかもしれません。

主語と述語を対応させる

別の主語に属する述語と手をつなぐと、よじれた文章になります。

「春が来た」のように、文中に主語と述語の対応が一組しかない文を単文と言い、「春が来て、花が咲いた」「春が来たので、氷が溶けた」「村人は春が来たことを喜んでいた」のように、二つ以上の主述の対応がある文を複文と言います。複数の主述の対応がある場合、主語を省略し過ぎると、何が主語なのか分からなくなります。少なくとも二つ目以降の主語は省略できません。

> 日曜日に息子の中学校の運動会を見に行った。父親として学校に行くことはめったにないが、徒競走や団体競技など、若い力いっぱいの競技を見せてくれた。

新聞に載っていた会社員の投書の書き出しです。二つ目の文の前半の主語は「行くことは」で、述語は「ない」です。

後半の述語は「見せてくれた」で、主語が書かれていないので、漠然と読んでいると、前半部の主語「行くことは」が、その主語も兼ねているのかと思ってしまいます。しかし、よく考えてみると、「行くことは」が「見せてくれ」るわけはありません。ここは「見せてくれた」主体を「生徒たちは」とはっきり書いておきたいところです。

東京都大田区内の路上で十日未明、帰宅途中の台湾人女性が中国人グループに誘拐され、台湾に現金要求の電話をさせる事件があり、警視庁捜査一課と蒲田署は十三日夜、中国人の四容疑者を身代金目的誘拐と逮捕監禁容疑で逮捕した。

新聞の社会面記事です。前半の最初の述語「誘拐され」の主格は、「台湾人女性が」できちんと対応していますが、その次の述語「電話をさせる」の主語がありません。ぼんやりと読み進んだ読者は、これも「台湾人女性」が主語なのかと思ってしまいます。しかし、誘拐の被害者である女性が電話を「させられる」ことはあっても、「させる」わけはありません。「電話をさせ」た主体は「中国人グループ」です。ここは、「させる」を「させられる」と受け身に改め、

東京都大田区内の路上で十日未明、帰宅途中の台湾人女性が中国人グループに誘拐され、台湾に現金要求の電話をさせられる事件があり、

とするか、「中国人グループ」を主語にして、

東京都大田区内の路上で十日未明、中国人グループが帰宅途中の台湾人女性を誘拐し、台湾に現金要求の電話をさせる事件があり、

としてほしいところです。

> ウソにもいろいろある。「これはウソですよ」というウソはほほえましいが、人を本当にだまして、それに気づかぬまま感動したり、怒ったりしてしまうウソは罪深い。

ウソを論じた学生の作文の一節です。「人を本当にだまして」の主体は「ウソをつく人」であり、「感動したり、怒ったりしてしまう」のは「ウソをつかれてだまされた人」で、明らかに別人です。なのに同じ人物の動作のように述語が並列されています。これも、

> 人を本当にだまして、だまされた人が気づかぬまま感動したり、怒ったりしてしまうウソは罪深い。

というように、主語を明示して、別の主体の動作だということをはっきりさせるか、あるいは、

> 人を本当にだまして、気づかぬまま感動させたり、怒らせたりしてしまうウソは罪深い。

というように、主語を同一にするため動詞を自動詞でなく他動詞に変えることが必要です。

「である」止めと「です」止め

「敬体（丁寧体）」と「常体（普通体）」を混用しないでください。

この本で私が書いている文、つまり地の文は「一節です」「別人です」「引っかかります」「分からなくなります」というように、「です」や「ます」で文を止めています。

一方、この章で引用している文章の中には、「見せてくれた」「罪深い」「挑戦である」「間もないころのことである」「重要な手掛かりになるというのだ」「過剰だ」「きっかけだった」など、「です・ます」を使わない普通の動詞や形容詞で言いっ放しにする止め方や、「です・ます」の代わりに「である」や「だ」を使う止め方をしたものがあります。

この二つの文の止め方を比べてみると、明らかにニュアンスの違いがあることがお分かりだと思います。つまり「です・ます」を使った止め方は、言いっ放しや「だ・である」を使う止め方より丁寧な言い方だと感じられます。

そこで、「です」「ます」で止める文体を「敬体」「丁寧体」あるいは「です・ます調」と呼び、「だ」「である」あるいは普通の動詞や形容詞で止める文体は「常体」「普通体」あるいは「だ・である調」と名付けられています。普通の現代文の文章は、ほとんどがこの二つの文体のどちらかを使って書かれており、皆さんが文章を書く場合も、どちらかを選ぶ必要があります。

どちらを使うかは、むろん、自由です。ただ、補足説明をしておきますと、普通、一般に用いられているのは「普通体」の名の通り、「だ」「である」です。特徴は、簡潔であること、「丁寧体」のような余分なニュアンスがなく、読む人にすんなりと受け取られることでしょう。

もっとも「だ」と「である」は少し語感が違います。どちらも室町時代ごろから使われ始めた言葉ですが、「だ」を広めたのは明治の言文一致、『浮雲』の二葉亭四迷です。「である」が縮まって「であ」「ぢゃ」「だ」になったという説があり、簡潔で、使いやすい反面、時としてぶっきらぼう過ぎることがあります。連用すると「機関銃の連射だ」と嫌う人もいるようです。

「である」は江戸時代の蘭学者がオランダ書の翻訳に使い、明治に入って嵯峨の屋お室や尾崎紅葉が小説に活用しました。「だ」に比べて重々しく、偉い人が高いところから訓示を垂れているといった趣がないではありません。これも使い過ぎると、もったいぶった文章だと、あらぬ誤解をされかねません。「だ」だけ、あるいは「である」だけとしないで、両者を適当にまぜて使う人が多いのは、それが無難な文体だからでしょう。

「です」と「ます」も歴史は古く、室町時代の狂言に「このあたりに隠れもない、大名です」「これは地獄の主閻魔《えんま》大王です」といった表現が出てきます。「にてそうろう」の簡略化ですが、太郎冠者など普通の庶民には使わせていません。当時は尊大な言い方だったのでしょう。

江戸時代末期には一般に使われるようになり、明治に入ってから山田美妙が小説に取り入れました。芥川龍之介の『河童』や、太宰治の『人間失格』には「です」調が使われています。

特徴は、「丁寧体」の名の通り、書く側が読む人に対して丁重な態度をとっているようなニュアンスを感じさせることです。市役所や区役所から来る広報、ＰＴＡの会報などは大体この「です」「ます」調です。総理大臣の国会の施政方針演説もそうです。役所の白書類は「だ・である」調が普通なのですが、何か不祥事があったとき、例外的に「です・ます」調を使うことがあります。よろいの上の衣です。小説の中でも、会話には主として「です」「ます」が使われます。目上の人にあてて出す手紙も、用件を列挙するような箇所は別として、「です」「ます」で書くのが普通です。でなければ、「この無礼者！」と一喝されかねません。

ただ、「です」「ます」の文章は「だ」「である」文章に比べて冗長な感じになります。「丁重な」ニュアンスが別のニュアンスを呼ぶこともあり、へんになれなれしい感じになったりもします。丁寧にする必要のない文章では、逆にいやみにも響き、いんぎん無礼の印象を与えることもあります。読者に親しく語りかけるような印象もあるため、社説やコラムの文章を「です」調にしている新聞も一部にありますが、なかなか広がらないのは、そうした事情もあるのでしょう。

ニュアンス以外に「です」で気になるのは、「明るい」「美しい」といった形容詞や助動詞の「たい」（願望）「ない」（否定）「らしい」（推定）「た」（完了）に接続する場合です。

ある会社の社報にその年の新入社員たちの抱負の文章が掲載されていました。

趣味はサーフィン、クルージングなどで、他にも種々挑戦したいです。性格はいやなときに顔に出やすいので直したいです。抱負は出会い、時間を大切にしていきたいです。

◇

抱負はやっぱり会社の仕事に慣れ、はやく一員として認められるようがんばりたいです。

◇

社会人になるという自覚を持って信頼感のある人間になりたいです。

悪口になって申し訳ないのですが、一読してまるで小学生の作文のような印象を受けます。判で押したように「～たいです」という表現が並んでいたからです。

同様に、「ないです」「らしいです」「たです」や形容詞＋「です」の例を挙げると、

私は映画には行かないです。
あの人は病気らしいです。
彼女は来なかったです。
私は本当にうれしいです。
富士山は日本一高いです。

どれも意味は分かりますが、どこかたどたどしい感じです。この「たい」「ない」「らしい」「た」あるいは形容詞に「です」を続ける使い方は、国語審議会も認めていますから、誤用とは言えません。しかし、言ってみれば来日したばかりの外国人が話す日本語です。「たい」「ない」「らしい」「た」あるいは形容詞と「です」の相性はいいとは言えません。ことに過去形の「でした」がつくと、不自然そのものです。

もっとも、「～でしょう」「～ですか」「～ですね」など、助動詞「う」が付く未然形の場合と終助詞の「か」「ね」が付く場合は、違和感はなく、自然な表現に聞こえるのは、言葉のおもしろいところですが、ともあれ「たい」「ない」「らしい」「た」あるいは形容詞プラス「です」「でした」の場合は、できるだけほかの表現を工夫したいものです。例えば、

趣味はサーフィン、クルージングなどで、他にも種々挑戦したいと思っています。性格はいやなときに顔に出やすいので直したいと考えています。出会い、時間を大切にしていくことが抱負です。

◇

抱負はやっぱり会社の仕事に慣れ、はやく一員として認められるようがんばることです。

◇

社会人になるという自覚を持って信頼感のある人間になりたいと思います。

というように、「たい」と「です」のどちらかを言い換えれば、簡単に自然な表現になります。

私は映画には行きません。
あの人は病気のようです。
彼女は来ませんでした。

本当にうれしく思っています。
富士山は日本一高い山です。

なども、そうです。

普通体と丁寧体で注意したいのは、この二者を意味なくまぜこぜにして使わないことです。

普通体の文章に接するとき、私たちは筆者との心理的な距離を、普通・気が置けない・ざっくばらん・親しみ・無警戒といった位置にとって読み進めています。一方、丁寧体の文章のときは、自分に対して筆者が丁重に接しようとしているという感じを持ち、それだけ筆者は自分に敬意を払っている、気配りをしている、あるいは、それなら筆者の言うことに耳を傾けてやってもいいといった心理状態で読んでいきます。

したがって、普通体の文章にいきなり丁寧体が出てきたり、丁寧体が突然普通体になったりすると、その心理状態、心理的な距離が一瞬のうちに崩れ、方向感覚が失われます。文章の狙いとは無縁な心理的動揺を読者に与える行為は、厳に慎みたいものです。

新聞にこんな投書がありました。

本欄の「行政の怠慢が過疎地を作る」を読んで考えさせられた。確かに老人の多い過疎地ほど公共の交通機関が年々少なくなり、度々の帰省でその不便さを感じます。新幹線が開通しても、特急でさらに一時間余りの距離にある我が家へは乗り継ぎの列車、バスが少なく心理的距離は遠くなるばかりです。こうした不便さは、地方が車中心社会へ変わったためで、便利なマイカーが一家に二―三台普及した結果、在来線の通過するわが町も例外にもれず無人駅となって久しい。

「考えさせられた」と常体で始めて「感じます」「遠くなるばかりです」と敬体で続け、「久しい」と常体に戻っています。耳を傾けたい内容であるだけに、この混用は、読んでいて気になります。

入学試験や入社試験の作文や論文、会社の上司に提出する報告書、起案書などで、「だ」「である」と「です」「ます」が区別なく混用されていれば、読む人はそれだけでその文章に大きい疑問符を付けます。文章の基本を心得ず、読み手に対する配慮を欠如させていると判断します。

もっとも、混用が自然な場合もないわけではありません。

国語の能力には、読み、書き、話す、聞くとありますが、圧倒的に重要なのは「読み」で、次に重要なのが「書き」。話すと聞くは、日常生活の中で行っていることだからことさら学校でやることではない。「コミュニケーション能力」だのと言って国語関係者が授業に入れようとするのは噴飯ものです。(中略)

日本語が読めるようになるためには「漢字」の重要さは言うまでもありません。一年生のときから、とにかく漢字を徹底的に覚えさせる。教え方は強制的、かつ画一的で構わない。「子供の個性」とか「独創性を育てる」とか「生きる力」などと言う前にとにかく漢字を覚えさせる。子供たちは漢字との格闘を通して、学力と我慢力を身につけていきます。

雑誌に載った数学者の藤原正彦さんの「子供に『我慢力』を植えつけよう」という文章の一節です。地の文は「です」「ます」止めでも、途中、何度か普通体の止めが使われています。これは文章の決まりへの無知からなされた誤りでしょうか。いや、どうやらそうではありません。どんな部分が普通体なのかと調べてみると、大体は、あることを言ったあと、その内容について説明をしている部分です。もちろん、そこに丁寧体を使ってもいいのですが、これを丁寧体に書き換えてみると、いささか冗長という印象が否めません。これは丁寧体の欠点の一つです。

そこで、丁寧体でありながら冗長な文章としないために、文章の主要な個所でなく、説明など付随的な個所に限って、普通体を使う――この例文は、そんな技法が採用されていると見ていいでしょう。そうした効果が伴っている点で、最初の新聞投書の例とは明らかに区別できます。

このほか、新聞のコラムなどで、ずっと「だ」「である」で書いてきて、最後の一節を「皆さんはそう思いませんか」と丁寧体で止める例がよくあります。ここは読者への語りかけなので、「そう思わないか」という普通体では、抵抗があります。この場合も意味のある混用です。

体言止め

簡潔でスピード感があります。しかし、品格に欠ける感じもあります。

文の止め方は、ほかにも「体言止め」「話し言葉止め」「倒置止め」などがあります。こちらは、混用不可などといった難しいことはなく、普通体とも丁寧体とも混用して構いません。

体言止めは、文字通り体言で止める止め方です。述語を省略して、主語、目的語、補語をそのままぽんと投げ出して止めます。日本語に多い「漢語＋する」という述語（たとえば、倒置する、混用する、省略する）が来る場合は、「する」の部分を省略して、漢語だけで止めます。

体言止めには古い歴史があります。例えば、『平家物語』です。

> 海人《あま》のたく藻の夕煙、尾上《おのえ》の鹿の暁のこえ、渚々《なぎさなぎさ》によする波の音、袖に宿かる月の影、千草にすだく蟋蟀《しっそつ》のきりぎりす、すべて目に見え耳にふるる事、一として哀《あわれ》をもよおし、心をいたましめずという事なし。昨日は東関《とうかん》の麓《ふもと》にくつばみをならべて十万余騎、今日は西海の浪に纜《ともづな》をといて七千余人、雲海沈々として、青天既《せいでん》にくれなんとす。
>
> （巻七）

そう言えば、「春はあけぼの」も「蛙飛《かわずと》びこむ水のおと」も、言ってみれば体言止めです。明治に入って、泉鏡花が愛用しています。

最初《はじめ》は唯、廂《ひさし》溝《みぞ》などを幽《かすか》に打つ音のみであったが、やがて、瓦屋根に当たってまたばらばら。

「厭《いや》だな」

見る見る繁《はげ》しくなって、颯《さつ》と鳴り、また途絶え、颯と鳴り、また途絶え途絶えしているうちに、一斉に木の葉に灌《そそ》ぐと見えて静かな空は一面に雨の音。

（『湯島詣』）


講談も体言止めと深い縁があります。『水戸黄門漫遊記』の一節を紹介すると、

この光圀公は徳川家康公の末子《ばっし》中納言頼房卿の第二番目のお子様、幼名千代松丸君と申しあげ、のちに家督相続を遊ばして水戸中納言光圀、実に古今の名君。時の将軍家はもとより御老中、若年寄を始め天下の諸役人一人としてこの君には頭が上がらなかったというくらい、もっとも武芸は和田平助政勝という名人に学んで免許皆伝、それでいて何事も知らぬ事なしというくらいの大学者、

（『定本講談名作全集第一巻』）


パンパンパンという張り扇の音を途中に適当に入れて読んでください。

体言止めは、今はとりわけ新聞記事に愛用されています。歯切れのよさ、迫力といった効果のほかに、狭いスペースに比較的多くの情報が盛り込める効用があるからです。例えば、

A君がネパールに魅せられたのは、毎週日曜日、座禅に通っていた近くの寺の住職から、現地の話を聞いたことから。雪をかぶった世界の屋根ヒマラヤ。満天の星。そして素朴な人々。多感な高校生の心を揺さぶった。「行ってみたい」。その夢がかなう、ネパールの地への着陸寸前の悲報だった。

カトマンズ空港の墜落事故で死んだ高校生の父親が私費を投じて現地に図書館と多目的ホールを建設するという記事の一節です。スペースの心配のない文章なら、次のように書くのが普通でしょう。

A君がネパールに魅せられたのは、毎週日曜日、座禅に通っていた近くの寺の住職から、現地の話を聞いたことからだった。その国には、雪をかぶった世界の屋根ヒマラヤがそびえる。満天の星がきらめく。そして素朴な人々が生活している。その話は多感な高校生の心を揺さぶった。「行ってみたい」と思った。その夢がかなう、ネパールの地への着陸寸前の悲報だった。

最小限を補うと、ざっと三十字になります。一行十二字詰めの新聞では三行も増える計算です。新聞を作る立場からはありがたい効用です。

体言止めにも欠点はあります。

第一に、「だ」「です」など、体言を叙述する部分やニュアンスを与える部分が省略されるため、息苦しく、窮屈な文章になりがちで、場合によっては読み手は追い立てられるような感じを受けることになります。

第二に、普通なら書き込まれる要素が省略されるので、正式な文章、会社の文章、公用文、きちんとした論文などにはふさわしくありません。新聞記事や解説はともかく、外部の大学教授や評論家の寄稿が体言止めで書かれていると、なれなれしい感じで、ときには品格に欠ける印象を与えます。

しかし、適切な体言止めは、きびきびした簡潔な文章を作り、気持ちのいいスピード感をもたらします。使用する場所を見定めて、うなずける使い方をしてください。

話し言葉止めと倒置止め

ニュアンスを感じさせますが、乱用すると鼻につきます。

話し言葉止めは、話し言葉に特徴的な終助詞「ね」「さ」「よ」などで止めるものです。次は校則を無視して髪をパーマや金髪にした生徒の扱いに悩む高校教師の新聞への投書の一節です。

でもいいヤツなんだ二人とも。授業中寝ているぐらいで確かに迷惑にならない。まあきっと彼らにとっての個性なんだな、これが。だからといってほっとくかとなると、それは若干問題があるな。だってほかの連中もあいつらが許されるならと、どんどんエスカレートするのは目に見えてるもんね。そうなったら学校の評判はメチャメチャだよ。こんなご時世で、ただでさえ少ない就職の求人がなくなっちゃう。自分たちが苦労するのに、なんてことは考えないんだよね。

この話し言葉止めは読者に語りかけるような「です・ます調」の効果をもっと端的に狙っています。投書が載ったのは新聞の若者のページです。語り口を極力軟らかくすることで、髪の毛を染めたり脱色したりするような生徒もつい釣り込まれて読んでくれることを狙ったのでしょう。いわば苦心の末の「な」「ね」「よ」止めです。ただ、まじめで頭の固い人たちからは、若者迎合、軽薄、日本語の文章の破壊といった文句が出るかもしれません。

ところで、今の例文の最初の部分は「倒置止め」になっていました。日本語の文章は原則として、述語が末尾に置かれることになっており、普通の文章ならこの部分は、

でも二人ともいいヤツなんだ。授業中寝ているぐらいで確かに迷惑にならない。まあきっとこれが彼らにとっての個性なんだな。

というように書かれるはずです。しかし、普通の語順をわざとひっくり返して述語部分を先に出したのは、先生の言いたいこと＝「いいヤツなんだ」「個性なんだ」という判断を強調し、読者に印象づけようとしたためでしょう。

倒置止めは、強調のほか、特殊なニュアンスや筆者の思い入れを感じさせるために使われます。愛用している作家もよく見かけます。芥川龍之介はその一人です。

彼等は僕には女生徒よりも一人前の女という感じを与えた。林檎を皮ごと噛じっていたり、キャラメルの紙を剥《む》いていることを除けば。……

◇

僕は何か救われたのを感じ、じっと夜のあけるのを待つことにした。長年の病苦に悩み抜いた揚句、静かに死を待っている老人のように。……

（『歯車』）

など、随所で使っています。この最初の例の、「キャラメルの紙を剝《む》いていることを除けば」という倒置止めで、「除けば」の後、実はもう一度「一人前の女という感じを与えた」と繰り返すつもりだったとすれば、これは、文を最後まで言い切らないで途中で中断して止めたということになります。このような場合は「中断止め」と呼ぶこともできます。

「君が歌うなら僕も歌う」といった条件文のように、一つの文のなかに二つ以上主述の対応がある場合、「君が歌うなら」のように、他の主述（僕も歌う）に対して従属する立場にある文のことを、副文と言います。「キャラメルの紙を剝《む》いていることを除けば、彼等は一人前の女という感じを与えた」という文章で「キャラメルの紙を剝《む》いていることを除けば」の部分は副文です。このように倒置されて文末に来る部分が副文である場合は「副文止め」と呼ぶこともあります。

日本語の文章は、文末が単調で変化に乏しいのが欠点だとされています。普通は述語が最後に来るので、どうしても同じ形になることが多いためです。過去のことについての記述が続く場合は、ユリウス・カエサルの言葉の翻訳文「来た。見た。勝った」のように、「た」「た」の連続になりがちです。「です・ます」調なら「…す」「…す」の連続になります。そうした文末の単調さを防ぐためには、体言止め、話し言葉止め、倒置止めは、大いに役立ちます。

しかし、それぞれニュアンスを感じさせる止め方なので、気を付けないで使っていると、意に反して、読み手にとっては鼻につき、臭みが気になる文章になってしまうことがあります。そうした点を念頭に置いて、自分の好きな止め方を選んでください。

文を分ける

内容をきちんと把握していれば、文は簡潔になります。

文章の長短のところで、初心者はなるべく文章を短くしたほうがいいと書きました。次は長いとどうなるかという実例です。

> 小倉百人一首ゆかりの地で、歴史的風土特別保存地区となっている京都市右京区の小倉山山頂に、ＪＲ西日本がトンネル工事の土砂約二十万立方メートルを放置している問題で、京都市長は十一日、ＪＲ側が京都市に提出していた土砂を搬出せずに植林による復元方法をとる、との是正計画を認める、と発表した。

新聞記事の「前文」の一部ですが、句点が来るまで百四十字余りもあって、かなりの長さです。長いだけならともかく、構文が複雑で、分かりにくいのは困ります。こうした複雑な構文は、当然、二つ以上の文に分けたほうが理解しやすくなります。

> 京都市右京区の小倉山山頂にＪＲ西日本がトンネル工事の土砂約二十万立方メートルを放置している問題で、京都市長は十一日、土砂を搬出せずに植林して復元するというＪＲ

側の是正計画を認めると発表した。小倉山は小倉百人一首ゆかりの地で、歴史的風土特別保存地区に指定されている。

とすれば、ずっと頭に入りやすくなります。
新聞の解説記事で、こんなものがありました。

五万人を超える会員を募り、千二百億円近くをかき集め、そのうち二億六千万ドルをアメリカに送金していた茨城カントリークラブ事件の犯罪は、米国でも麻薬以外では、「世界で一番汚い銀行」として有名になった「バンク・オブ・クレジット・アンド・コマース・インターナショナル（ＢＣＣＩ）」事件の三億ドルに次ぐ規模のマネーロンダリング（資金洗浄）事件だったという。

これも、あれもこれも書き込む主義の犠牲になった文章です。その上、最初は千二百億円と書き、次に二億六千万ドルと、違った貨幣の単位を使っているので、読者は一層混乱します。送金したことと、三億ドルに次ぐ規模だったことの二つの部分に分け、「(送金当時のレートでは××億円)」と、換算額を書き添えれば、読者に首をひねらせないで済んだのです。

構文が複雑になるのは、問題が十分理解されていず、頭の中でいろんな要素が絡み合ったまま、整理されないでいるからです。まず問題点をきちんと自分が理解してから、字にしてください。

文をつなぐ

接続詞を活用しましょう。「そして」や「～が」は使いすぎないように。

「そして」「また」や「～が」「～けれども」など、文と文とをつなぐ言葉を、接続語と言います。人に理解してもらえる文章、筋の通った文章を書く上で大切な役割を果たす言葉です。

ゼネコン汚職の報道で、大手のK社についてこんな解説ふうの記事がありました。

> 六八年には国内初の超高層ビルを建設、業界のリーダーとして君臨してきた。業績でも長い間、業界トップを維持。土木部門に強く、公共工事の受注に重きを置いていたこともあり、民間のビル建築ラッシュが始まった八〇年代からは首位の座を明け渡し、現在は受注高、売上高ともに、S社、T社に次ぐ業界三位に甘んじている。

リーダーとして君臨し、トップの業績を維持してきたという話が突然、首位の座を明け渡し、業績は三位に転落したという記述に変わっています。

当然次も上向きの景気のいい話が続くと思い込んでいた読者は、ここでいきなり逆の加速度を全身に受け、脳の切り替えに戸惑います。ここはやはり、「カーブ注意」「右折」「左折」といった警告標識が必要です。

……業績でも長い間、業界トップを維持したが、土木部門に強く……

あるいは、

……業績でも長い間、業界トップを維持。しかし、土木部門に強く……

というように、接続語の「が」か「しかし」を使って、相反する二つの文を接着し、橋を架けなければいけません。

次は「猿のたたり」について書かれた文章の一節です。

中国地方のどこでも猿を捕まえたり殺したりするのを嫌う傾向がある。北陸地方では猿の頭を蒸し焼きにして、貴重で高価な漢方薬をつくる。また、猿の大腸を干し、それを煎じてのむと安産だと信じられている。中国地方では猿を漢方薬として利用しないようである。むしろ、神の使いとして崇めている地域もあるように、猿は狩猟の対象にはなっていなかった。

傍線部のところの続き具合がよくありません。中国地方のことかと思って読み始めると、突然「北陸地方では」と舞台が変わります。北陸の話になったのかと思って読み続けると、またまた

「中国地方では」と話が飛びます。猿之助の芝居なら、ひらりと飛ぶのはやんやと喝采したいところですが、文章はそういきません。勝手に飛ばれると、読者はたいへん迷惑します。
これは当然、次のように接続語を補わなければいけません。

中国地方のどこでも猿を捕まえたり殺したりするのを嫌う傾向がある。これに対して、北陸地方では猿の頭を蒸し焼きにして、貴重で高価な漢方薬をつくる。また、猿の大腸を干し、それを煎じてのむと安産だと信じられている。しかし、中国地方では猿を漢方薬として利用することはしないようである。むしろ、神の使いとして崇めている地域もあり、猿は狩猟の対象とされてはいなかった。

必要がないのにむやみに接続語を使うことも考えものです。ある学生の作文の一節です。

今年の春、初めて韓国を訪れた。歴史を振り返ると少々不安だった。しかし、港に着き、出迎えを受け、そしていろいろなことを話し接していくうちにだんだんと韓国の人が好きになった。そして話しているうちに感じたのは、余りにも戦争時代のことを知らな過ぎたということだ。ただ日本がアジアに攻め入り、そして、残虐な行為をしたということしか知らない。けれども韓国では親から子へ、子から孫へと語り継がれているだろう。そして私は日本に帰り、本を読んだ。中でも従軍慰安婦のことが印象に残った。そして、戦争ほど悲惨なものはない。そして戦争は絶対に起こしてはならないという思いを強くした。日本の戦争責任を考える、素直で好感が持てる文章ですが、全体に幼稚な印象は否めません。三百字足らずの中に六つも「そして」を使っているためです。

接続語の中で、初心者にとって最も要注意なのは、この「そして」です。接続語には、「順接」「逆接」の二種類があります。順接は話の筋が素直につながる関係で、「だから」「ので」「そして」といった接続語が使われます。逆接は前の文から予測される事柄が、後の文では実現されない接続関係で、「しかし」「のに」「が」「けれど(も)」などが使用されます。K社や猿のたたりの話のように、逆接の場合は読者が予期しない進展になるので、接続語は不可欠です。

しかし、順接の場合、とくにただ文章をつなぐだけの「そして」は、乱用すると小学生の文章になってしまいます。「そして」と書かなければ次の文が出てこない場合は、とりあえず書いておき、後で読み直したときに、あってもなくてもいいことを確認した上で削ってください。

同様に、初心者がともすれば使ってしまう接続語に「が」があります。この「が」は、格助詞ではなく、接続助詞の「が」で、順接の場合も、逆接の場合もあるので気を付けましょう。

スロバキア人は一九一八年チェコ人とともにチェコスロバキア国家を形成したが、そのエリート層は新国家においてチェコ人が優勢であることに不満であった。三九年に独立、戦後再びチェコ人の支配下におかれたが、六九年に連邦化、九三年完全独立した。

の「が」は、いずれも逆接で、「しかし」と言い換えができます。

（『現代用語の基礎知識』）

アダム・スミスは、政府のなすべき仕事について、①国防、②司法行政、③公共事業と公共施設、を挙げているが、これらはすべて民間部門では遂行しえない仕事である。

◇

一般に私的財は市場機構を通じて供給されるが、公共財には普通、市場価格は存在せず、受益者負担主義は妥当しない。

（同）

の「が」は逆接ではありません。前者は話の前置きの「が」であり、後者は関連のある二つの事柄を結び付ける並列の「が」です。

このように「が」は、順接にも逆接にも使える便利な接続語なので、漫然と使われると、意味があいまいなまま済まされる危険性があります。社会学者の清水幾太郎氏は、この問題に警鐘を鳴らし、『論文の書き方』（岩波新書）の中で、「『が』を警戒しよう」と力説しました。

「が」は便利ではあるものの、二つの句をただぼんやりと結ぶに過ぎない、「が」に頼らず、二つの事実の間の関係が「のに」「にもかかわらず」（逆接）であるか、「ので」「故に」（順接）であるかを研究、認識することこそが、文章を書くことだというのが同氏の主張です。新聞記者をしていて一つの段落に一か所は「が」を使っていた私には、耳が痛い指摘でした。

接続語嫌いで有名だったのは『細雪』を書いた谷崎潤一郎です。『文章読本』という著作の中で谷崎は、接続語の使用に対し、大意次のように厳しい批判の目を向けています。

――現代の口語文が古典文に比べて品位に乏しく、優雅な味わいに欠けている重大な理由の一つは、文法的構造や論理の整頓にとらわれ、句と句の間、センテンスとセンテンスの間が意味の上でつながっていないと承知しないことだ。

――「しかし」「けれども」「だが」「そうして」「にもかかわらず」「そのために」「そういうわけで」といったむだな穴埋めの言葉が多くなると、それだけ文章の重厚味が減殺される。

――日本語の文章は饒舌《じょうぜつ》を慎しみ、あまりはっきりさせようとせず、意味のつながりに間隙を置くことが大切だ。江戸時代の歴史家の頼山陽の手紙を見ると、ところどころに意味のつながり具合が欠けている部分がある。わざと穴が開けてあるところに文章のうまみがある。

確かに接続語の使い過ぎは、優雅な味わい、重厚味を損なうかもしれません。しかし、この意見には賛成できません。時間をたっぷりかけて鑑賞される作家の文章ならともかく、普通人の文章、新聞雑誌やビジネス文書の文章、相手に読んでもらおうと懸命になって書く文章に、間隙や穴が至るところにあったら、読む人は足を取られ、ひっくり返り、方角を見失ってしまいます。

とりわけ条件と結果が食い違う逆接を示す接続語、「しかし」「けれども」「だが」は、読む人を落とし穴に落とさない文章、読んで素直に理解できる文章を作るためには、不可欠の部品です。大切なのは、必要な接続語を必要な場合に使い、不必要な接続語は使わないことです。

締めくくり

無内容、紋切り型、弁解、思わせぶり、甘え、蛇足はやめましょう。

一度書き出した文章はどこかで締めくくらなければなりません。この締めくくりがきちんとできているかどうかも、書き出しや文章の中身と並んで、文章全体の印象を大きく左右します。私が勧めたいのは、自分が最も強調したいことをずばりと言い放ち、読者の胸に余韻を残す締めくくりですが、もちろん、どんな締めくくりにするかは書き手が自由に決めることです。ここでは、私なら書きたくない結び方を六つ挙げるにとどめます。

その一つ目は内容面で、何を言っているのか分からない、矛盾、混乱した結論、あるいは何も言っていない、中身のない結び、さらにはだれもが言っているような、口先だけの、分かり切った締めくくりです。文章を書いて他人に読ませるからには、論理の筋を通し、新鮮な中身をたっぷりと詰め込むよう、結びに工夫を凝らしたいものです。

二つ目は紋切り型結びです。

単身赴任で家事をする父にプレッシャーを感じる今日このごろである。

◇

過ちを繰り返してほしくないと思うとともに期待も抱いている今日このごろである。

考え出すと、夜も寝られずに昼寝してしまう今日このごろである。

◇

最初の二つは学生の作文ですが、最後の例はあるパロディ好きな作家の文章です。このように明らかにパロディである場合は別として、この「今日このごろである」は、最初は恐らく新鮮な響きがあったのでしょうが、今ではすっかり手あかがついた表現になってしまっています。

三つ目は弁解結びです。

与えられた枚数が尽きた。まだ意を尽くしてはいないが、残念ながらここで筆を置く。

◇

このところ多忙で、意を尽くせぬ文章となったことを最後にお断りしておきたい。

こうした結びの陰には、「編集者が十分な枚数をくれないのでこんな文章になったが、本当はもっとうまく書けるのだ」「多忙でもこれくらいの文章なら朝飯前だ」といった筆者の本心がちらつきます。文章は結果で勝負すべきもので、かぜを引いて熱を出したり、仕事が忙しくて十分な時間がとれなかったりしたのは、文章の主題とも読者とも全く関係のないことです。

四つ目は思わせぶり結びです。

国内の利益にとらわれず、国際的視野で見るべきだと思うのだが。

◇

カラスによる害の話題が多い。こちらは、ごみの管理や残飯の処理など、人間の側に大いに反省を迫る話なのだが……。

後者はある日の全国紙一面コラムの結びの部分です。琵琶湖の竹生島を繁殖地にしているカワウと、追い払おうとする滋賀県当局の知恵比べが続いているという話題を取り上げ、一転して京都の寺や神社はひわだぶきの屋根をカラスにつつかれ、困っているという話になり、この結びとなりました。しかし、ここは「反省を迫る話だ」で結んで、一向に差し支えありません。「反省を迫る話なのだが」と書けば、次に来るのは普通は「しかし、カワウの場合はそうでない（反省を迫られない）」という文か、あるいは「しかし、私にはそうは思えない（カラスの場合も反省は必要ない）」という文でしょう。どちらでも筆者がそう思うならそう書けばいいのです。

五つ目は甘え型結びです。

米の自由化に不安を覚えるのは私だけだろうか。

◇

この国の現状をいま一度見つめ直すべきだと考えるのは私だけだろうか。

東京大学で英語を教えている柴田元幸氏が学生に感想文を書かせたところ、この「私だけだろうか」という結び方が一番多かったということです（『生半可な学名』）。「こんなつまらぬことを考えるのは私だけかもしれませんけれど」と一見謙虚な姿勢のようでいて、実は「まともな頭の持ち主なら僕に賛成してくれますよね」という甘えが見え透いているというのが、柴田氏の分析です。これも「不安を覚える」「見つめ直すべきだ」で結んで、少しも差し支えありません。

六つ目は蛇足結びです。

> 医療に対する世論調査の結果を見て、同感と反感が交錯した。医師に対する信頼が三割を切ったことには同感する。多くの医師が、病気を治すことよりも患者を増やすことに専念するケースが多い。
>
> だが医師の診察や説明が短いという考えには必ずしも同感できない。人気取りのための説明なら、待ち時間を長くするだけであることを患者も自覚すべきだ。医療世論調査についてはそんなふうに感じた。

新聞に載っていた投書（一部省略）で、歯切れのいい書き方なので、すらすらと読めたものの、結びは文字通り蛇足でした。筆者は感じたからこそこの投書をしたのだろうということは、断らなくても、読む人には分かります。分かり切ったことを付け足せば、文章はくどくなります。書き終わったら読み直して、余計な付け足しは削ってしまいましょう。

第三章

文章を整える

修飾語の位置と順序

修飾語はできるだけ被修飾語の近くに置く。二つ以上修飾語があるときは長いものを先に。

モロッコにサハラ砂漠を見に行く旅を予定している友人が、「赤い砂の上をゆっくり歩くのが楽しみです」と手紙をくれました。

この文の中の「赤い砂」「ゆっくり歩く」という語句で、「赤い」（形容詞）「ゆっくり」（副詞）は「修飾語」であり、「砂」（名詞）「歩く」（動詞）は「被修飾語」です。ある語句が、下に来る語句について、それがどんなものであるか、どんなありさまであるか、どのように行動しようとしているかといった具合に、その意義を限定することを「修飾」と言います。

「砂」だけではどんな砂か分からず、「歩く」だけではどのように歩くか分かりません。修飾語が適切に使われていれば、読む人はあなたが伝えようとするメッセージを的確に受け取ってくれます。その場に居合わせているのに等しい臨場感を文章に持たせることもできます。どんな修飾語をどのように使うかは、文章を書く上できわめて大切です。

もう一つ重要なことは、修飾語をどこに置くかです。「ある語句が、下に来る語句について」と書きました。言い換えれば「修飾語は常に被修飾語の前に来る」ということになります。これは修飾語の位置の第一の原則です。

> 盆地がぱっと開ける。青空に浮き上がった南アルプスの白い山並みが間近に見える。
> けん騒と高層ビルの新宿をあとにする。中央自動車道の笹子トンネルを抜けると、甲府

ある登山家の随筆の一節です。実線の傍線部が修飾語、波型の傍線部が被修飾語ですが、注目したいのは、「青空に…白い」の部分で、よく見ると、「青空に浮き上がった」「南アルプスの」「白い」という三つの修飾語（句）がそれぞれ被修飾語である「山並み」を修飾していることが分かります。試しに例文の修飾語の順序を逆にしてみます。

> 白い南アルプスの青空に浮き上がった山並みが間近に見える。

これでは「南アルプス」が白くなり、また「青空」は南アルプスだけの青空になってしまいます。そこで、第二の原則は「修飾語はできるだけ被修飾語に近い位置に置く」ということです。

> 弥勒はサンスクリット名マイトレーヤで慈氏菩薩とも訳され、慈しみの人の意である。
> 実在した釈迦の高弟といわれる。

新聞のコラムの一節です。「高弟」の修飾語である「実在した」が、このままでは「釈迦」を修飾していると解釈されそうです。一瞬、あれ、釈迦に二通りあって別に架空の釈迦もいたのだろうかと、読者を戸惑わせます。ここは、

実在の人物で釈迦の高弟といわれる。

あるいは、

実在した、釈迦の高弟といわれる。

と書くべきです。

疑問多い安値入札の自粛要請

という見出しが新聞の社説に付けられていました。ちょっと引っかかりました。高値に吊り上げる談合入札が厳しく批判されています。折から「価格破壊」が話題にもなっています。「安値入札」は大変結構なことではないでしょうか。この社説はそれを「疑問多い」と決め付け、自粛しろというつもりなのかと考えたからです。ところが中身を読んでみると、そうではありません

でした。建設業者の団体の会長が、公共工事で一般競争入札が導入され、談合の排除で価格競争が激しくなっているとして「適正価格で節度ある競争」つまり十分に利益を期待できる入札にするよう呼びかけたことに対して疑問を呈する社説でした。それなら、論旨はよく分かります。

問題は、だから、見出しの表現の仕方です。「疑問多い」が修飾していたのは「安値入札」ではなく「自粛要請」なのです。しかし、この書き方ではすぐ後に来る「安値入札」を修飾しているととられる恐れが大です。そうとるほうがむしろ自然かもしれません。ここは「疑問多い」と「自粛要請」をもっと近づけて、誤解の余地のないようにしなければなりません。

安値入札に疑問多い自粛要請
安値入札への自粛要請は疑問
安値入札の自粛要請は疑問だ
疑問多い「安値入札自粛要請」

などとすれば、すんなりと分かったはずです。

一つの被修飾語に複数の修飾語が付くことがあります。南アルプスの例文の「山並み」には三つ付いていました。その三つをどう並べたらいいか、どれを先にし後にするか、置く順序を決める必要があります。長い修飾語は落ち着きがあるが、短い修飾語は短いため、被修飾語に密着させないとその役割が見失われる危険性があります。そこで修飾・被修飾の第三の原則は、「長い

ものを先に置き、短いものを後に置く」ことです。改めて最初の文に戻ると、

青空に浮き上がった　南アルプスの　白い　山並みが間近に見える。
（便宜上、修飾語句の間を一字空けにした）

で、この「長先短後」の原則が見事に生かされていることが分かります。
もっとも、原則を振り回して、例外は一切認めないなどと役人みたいなことを言ってはいけません。日本語の文章では、強調したいこと、重要なことが先に来るのが普通です。どうしても「白い」を、次いで「南アルプスの」を強調したい場合は、原則にこだわらず、順番をひっくり返しても構いません。ただし、意味が変わってはいけないので、句読点を使って意味を誤解されないようにする作業が必要です。

白い、南アルプスの、青空に浮き上がった山並みが間近に見える。

多すぎる修飾語

空虚な修飾語を並べるのは、逆効果です。

美術工芸品を扱っている会社から、カラフルなカタログと一緒に手紙が舞い込んできました。

> 弊社では　日頃より格別のお引き立てを賜っているお得意様に心よりお喜びいただける作品をと考え　古くから伝統工芸の世界にいそしみ　名匠と呼ばれる作家たちの匠の技の逸品の数々を集め　今回特別に限定頒布いたすはこびとなりました
>
> 作品の一つ一つが格調高く　時代がかわっても　その美しさを不変の価値の美術工芸品の逸品ばかりです
>
> ぜひ　この機会に　みなさまの暮らしに豊かさと潤いをあたえるとともに香り高き気品の逸品を　貴家の家宝とされますようお願い申し上げます

用紙の高級さとはうらはらに、落ち着かない修飾語が並び、気持ちの悪い美文調でした。「美しさを不変の価値の美術工芸品」とはどんなものでしょう。

こんなキンキラキンの手紙をもらうと、「格別のお引き立て」などと心にもないことを言わないでくれと言いたくなります。

美しい世界の風物に接し、豊かな民族の歴史や文化を訪ねて世界のあちこちへ旅する楽しみを味わってみませんか。我々が長い間生きてきたこの地球の魅力ある世界への旅をともに味わおうではありませんか。

ある旅行会社のツアー勧誘の手紙の文章です。手紙を読んだ人がこれで果たして「ああ、旅に行きたい」という気持ちになるでしょうか。「美しい」「豊かな」「魅力ある」といった、口先だけの、実のない修飾語が多すぎます。

こういう修飾語は、ないほうがかえって文章が簡潔になって、訴える力を増します。

世界の風物に接し、民族の歴史や文化を訪ねて世界のあちこちへ旅する楽しみを味わってみませんか。この地球の旅をともに味わおうではありませんか。

のほうがずっとよさそうです。

多すぎる修飾語、とりわけ真実からかけ離れていたり、心にもない空虚なものだったり、抽象的だったり、紋切り型だったりする修飾語は、使えば使うほど、読む人に違和感や薄ら寒さを与え、逆効果になることを心得てください。

間違った修飾語

言葉にはそれぞれの意味やニュアンスがあります。誤解されないように正確に使いましょう。

新聞にこんな投書がありました。

> 先日息子の保護者会に行ったとき、興味深い話を聞いた。最近気になることがあるという。子どもたちがアリなど小さな虫の命を奪って平然としているというのだ。アリの頭とおしりを引っぱって二つにちぎってポイと捨てる。けんかになると、友人に向かって「おまえなんて死んじゃえ」とポンポン口から飛び出す。「死ね」と他人に向かって言っている言葉の重さが全くわかっていないのが怖いと思う、と担任教師が言っていた。

本当に怖い話です。引っかかったのは、最初の「興味深い話を聞いた」です。「興味」というのは「おもしろみ、おもむき」「その物事について、おもしろいと思うこと」です。「興味深い話を聞いた」と言われれば、どんなこと？　と、ヒザを乗り出して聞きたくなります。しかし、虫の命を奪ったり、「死ね」と言ったりすることは、おもしろくもなく、おもむきもありません。「恐ろしい話」「心配な話」「聞き流しにできない話」と書いてほしいところです。

新聞のスポーツ面に女子バレーの国際試合の戦評が載っていました。

連日のフルセット負け（略）日本は小粒で典型的な守備型チームの韓国に粘り負け、この日は高さで勝る中国との接戦も、ものにできなかった。

「高さで勝る」で迷いました。主語は「日本」だから高さで勝っているのは「日本」か、しかし、「高さで勝る」が「中国」の属性を表す修飾語とすれば、中国のほうが背が高いのか――数行後に「中国の先発六人の平均身長は日本より5センチ高い」とあり、疑問は氷解しましたが、誤読されないように最初から「長身の」「大型の」といった修飾語を使いたいところです。

ここは日本国民として推移にがぜん注目したい。

ハワイ沖で宇和島水産高校実習船「えひめ丸」に衝突し沈没させた米海軍原子力潜水艦の艦長ら幹部の査問会議が開かれることになったときの新聞の解説記事の結びです。「がぜん」は「にわかなさま。だしぬけなさま」「急に今までと全く違った状態になる形容」です。「がぜん注目する」と言えば、今までは全く知らぬ顔をしていたのに、にわかに注目するようになった、といったニュアンスです。ほとんどの日本国民が大きい関心を持って注目した「えひめ丸」問題には不適切です。ここは「あくまでも」とでもするほうがよほどしっくりします。

言語・文章は私たちの意思伝達の手段です。間違った言葉を使えば、意思は間違って伝わることになります。言葉は正確に使いましょう。

語句のちぐはぐ

違う種類の言葉が同じ種類のような顔をして並ぶのはおかしいのです。

語句の並べ方には原則があります。ある会社から移転のあいさつ状をもらいました。

> さて　お陰様をもちまして弊社の事務所もいよいよ手狭となりましたので　かねてより適当な場所を求めておりましたところ　幸い左記に移転及び講習会場を新設するはこびとなりました。

気になったのは、「移転」という名詞と「新設する」という動詞が並べられていたことです。ちぐはぐな感じです。書いた人は「移転のはこびとなりました」と「新設するはこびとなりました」という二つの報告を一つにしたつもりかもしれませんが、二つ以上の言葉を並べる場合は、同じ種類のものにするのが原則です。片方が「移転」という名詞なら他方も「新設」という名詞にするか、あるいは「新設する」に合わせて「移転」を「移転する」に変える必要があります。

> 幸い左記に移転、あわせて講習会場新設のはこびとなりました。

あるいは、

幸い左記に移転するとともに講習会場を新設するはこびとなりました。

などとしたいところです。
ある旅行会社からのアンケート依頼状にこんなくだりがありました。

アンケートの細目についても、参加希望者のご希望をあらかじめお伺いしたり、あるいは事前のミーティング等によりツアーに反映させ、お客様と私どもの、まさに手づくりの旅づくりも可能になるものと確信いたしております。

客の希望をツアーに反映させる方法として「あらかじめお伺いしたり」と「事前のミーティング等により」の二つの方法を挙げていますが、この二方法の列記は、一方は動詞プラス接続助詞の「たり」、他方は名詞プラス格助詞「に」「より」と、同じ資格ではなく、本来は並べることができない性質のものであり、ちぐはぐです。ここは、

アンケートの細目についても、参加希望者のご希望をあらかじめお伺いしたり、あるいは事前のミーティング等により把握したりして、ツアーに反映させることで、お客様と私

どもの、まさに手づくりの旅づくりも可能になるものと確信いたしております。

というように、「お伺いしたり」「把握したり」と同じ形にして並べてほしいと思います。

ところで、この接続助詞の「たり」にはとくに気を付けてください。動作や作用の並列を表わす「たり」は、「雨が降ったり、風が吹いたりの天候だった」「お茶を飲んだり、映画を見たりした」というように、並列の一方に付けた場合は必ず他方にも付けなければいけません。「雨が降ったり、風が吹いた」というように、一方にしか付けない使い方は誤りです。

組み立て家具・組み立て部材のフロアには、折りたたみ式で、料理を運んだり、テーブルにも利用できる片バタワゴン、狭いスペースにもピッタリはまり込むすきま家具ウィンディなど、限られたスペースを有効に利用するための家具が並んでいる。

これは新聞の実用記事ですが、ここでも「たり」が一人ぼっちにされています。これは、

料理を運んだり、テーブルに利用したりもできる片バタワゴン

としなければいけません。一方にしか「たり」を付けない間違いは、新聞や雑誌でもよく見かけますが、これは初歩的な誤りであり、無神経な文章の代表の観があります。

文のジグザグ

何度も方向転換する文章は、読み手をめまいさせてしまいます。

福祉施設の運営のため毎年バザーを開いている後援会の機関紙にこんな文章がありました。

> 数年前、今の住所に引っ越してからはなじみの人も少なく、お預かりする寄付の品物も以前とは比べものになりませんが、この地にも心を寄せて下さる方のいらっしゃることをうれしく思い、集荷所をさせていただいております。
> しかし、昨今どちらでもバザーばやりで、個人の方でもガレージセールとやらをなさる世の中になり、「品物が集まるかしら?」と案じてしまいます。
> ところが毎年、そのような心配をよそに、二日間ににぎやかに品物があり、うれしいことです。今年もどうぞ売り場いっぱいの品物がいただけますよう祈る思いでおります。

福祉のためのボランティア活動に敬意を表したいと思います。ただし、この文章で気になったのは、「しかし」「ところが」と何度も文章の方向が変わることです。ことに「しかし」で始まる第二段落は「案じてしまいます」と強い断定で終わっているので、読む側も、それは大変だと心配します。ところが、その後すぐ「ところが、……品物があり」と否定されるので、読者は「それはよかった」と安心するよりむしろ「何だ。取り越し苦労だったのか」と思ってしまいます。そのような、筆者の意思に反する感想を読者に与えないためには、第二段落のニュアンスを弱めたほうがいいでしょう。たとえば、次のように書き換えます。

> 昨今どちらでもバザーばやりで、個人の方でもガレージセールとやらをなさる世の中になり、「品物が集まるかしら？」と案じたこともありました。

その後に「ところが」と続ければ、真剣に心配している心情が素直に伝わるはずです。

ケーブルテレビについての論評が新聞に載っていました。

> 「ケーブルテレビ200X」が東京で開催され、多チャンネル、ケーブルインターネット、IP電話サービスなど、さまざまなサービスができる総合力の魅力を訴えた。
>
> だが、米国ではケーブルテレビ加入世帯数が７１９０万、テレビ視聴世帯数に占める普及率68％なのに対し、日本では１５１４万、普及率は31％にとどまり、米国の半数にも達していない状況だ。
>
> しかし、番組内容は最近急激に向上し、地上波テレビの番組に見劣りしない。番組コンクールで最優秀賞や準グランプリを受賞した作品は、地域の工場や人間に密着、克明に映像で記録し、生き生きと描写していた。これでは、地上波のテレビ番組はますます見られ

なくなるだろう。

この文章も「だが」「しかし」と方向指示器が何度もピカピカするので、落ち着きません。よく読むと、二段落目の「だが」は要らないのです。最初の段落の東京での催しの開催と、現在の普及状況は、別に相反する話題ではないので、「ケーブルテレビは、米国では加入世帯数が…」というように、言葉の順序を少し変えれば、そのまま素直に続けて差し支えありません。この文章が落ち着かない原因は実はもう一つあって、最後の「これでは」以下の結論の部分です。普及率がまだ三分の一以下のケーブルテレビが、見劣りしない番組を作ったというだけで地上波の番組は「ますます見られなくなるだろう」というのは、いささか唐突、かつ強引な論旨です。ジグザグを通り越して、明後日の方向に走り出したという感じを受けます。

次は新聞に載った五十五歳の主婦の投書です。

女子中・高生の間で「ヘブンズパスポート」という手帳が流行しているとの記事を読んだ。「いいこと」をするたびにシールを張って、百枚たまると願いがかなうという。

「いいこと」の例はごく当然のことばかり。「朝、一人で起きられた」「ゴミをきちんとゴミ箱に捨てた」「先生の質問に手を挙げて答えた」などなど。「いいこと」の範囲の広さに驚いてしまう。

この間、街で、道に迷っていたとき、二人の高校生が親切に案内してくれた。彼女たちもこのパスポートを持っていたのかしら。たとえ自分の願掛けのためでも、「いいこと」が世の中全体に広まるのはうれしい。

茶髪、ルーズソックス、携帯電話の少女たち。（略）〝幼稚なブーム〟との見方もあるようだが、自分なりの善意で行動しようとする彼女達を気持ちよく見守りたい。


第二段落「ごく当然のことばかり」「範囲の広さに驚いてしまう」など、この主婦はこの流行に批判的なのかと思うと、第三、第四段落になると、「うれしい」「気持ちよく見守りたい」と、にわかに肯定的になります。主婦は道に迷ったとのことですが、読者も迷います。

人間はものごとを考えるとき、必ずしも論理の筋が最初から最後まできっちりと通る、首尾一貫した考え方をするわけではありません。むしろ、これはAだろうか、いや、そうではない、Bだ、しかし、よく考えるとやはりAではないか、だが、こう考えていくとどうしてもBだ、といった具合に、考えは行きつ戻りつするのが普通です。文の並べ方が「しかし」「しかし」と揺れ動くのは、ある意味では極めて自然なことです。

ただ、自分の思索の過程をそのままさらけ出すことを目的とした哲学者や作家の文章ならともかく、そうでない一般の文章、ことに会社の提案書や報告書のように自分の主張や考えを他人に分からせるために書く文章の場合は、ジグザグ行進、S字カーブの繰り返しは禁物です。右折左折Uターンは、筆者の自信のなさの反映と受け取られることもあります。書いたあとは必ず読み直して、文章に揺れがあれば順序を入れ替えるなど、書き直してください。

「てにをは」を正しく

助詞一字の違いで、文章が生きたり死んだりすることもあります。

「てにをは」とは、漢文を読むために漢字に付けた「ヲコト点」から出た言葉で、昔は活用語尾や副詞も「てにをは」に含まれていました。今は通常、助詞を指します。文の題目を示す「は」、主格を示す「が」、目的格の「を」「に」、場所や方向を示す「で」「に」「へ」などが代表的な「てにをは」です。

> 「大変おこがましいが、若いときは〝私と大津絵〟だった。中年は〝私の大津絵〟だった。これからは『おれが大津絵だ』の気持ちでないとやっていけないように思うね」
>
> （佃有『いい顔　いい匠』）

伝統の画業に打ち込んできた大津絵の絵師の言葉です。その生涯の折々の大津絵との関係の在りようが、適切な助詞を選ぶことによって巧みに表現されています。

子供のときから日本語を話している人なら正しく「てにをは」を使うことは別に難しいことではありません。それでも、おや、「てにをは」がおかしいと感じさせる文章が新聞や雑誌に後を絶たないのは、文章を書くとき急ぎ過ぎ、読み直しをしないためでしょう。

> 衛星からの電波をもとに、画面に映し出した地図上に現在地を表示する「ナビゲーションシステム」の電波の精度が低いため、表示位置がずれるのが難点とされてきた。そこで海上保安庁は来年度から、灯台から補正電波を出して、ずれを少なくする実験に取り組む。

船舶だけでなく車向けにも人気がある「ナビゲーションシステム」の精度を向上させるという新聞記事の一節です。読んでいて落ち着きません。原因は「ナビゲーションシステム」の次の「の」です。ここは題目を示す係り助詞の「は」として、この文章全体の主題は「ナビゲーションシステム」であることをはっきりさせなければいけません。

それが格助詞の「の」になっているので、「ナビゲーションシステム」は単に「電波」を限定修飾する言葉に過ぎなくなり、文章全体の主題がぼやけることになってしまっています。

> 一八五四年フランス生まれ。詩人。一八九一年マルセイユに死去。

新訳ランボー詩集の新聞書評に添えられていた詩人の略歴です。「マルセイユに死去」は「マルセイユで死去」か、その文語体の「マルセイユにて死去」とすべきです。格助詞の「に」は「駅に行く」「公園に集まる」のように帰着点、動作・作用の結果、その事物が存在する場所を表します。ランボーは死んでマルセイユに帰着したわけではありません。その動作・作用がどんな場所・場面で行われたかを表す「で」「にて」のほうが適切です。

欧米語の格の考え方をそのまま持ち込んだ翻訳調の文体で、日本語としてはぎごちなく不自然な使い方が見られることも問題です。ある歌人の随筆にこんなくだりがありました。

> 筆跡、それは書いたことばを自分が生みだしたものであるとき、さらに光っているように思う。

自分が作った語句や文章を自分自身で書いた筆跡は、他人の語句や文章を書いた筆跡よりさらに魅力的だといった意味の文章のようです。しかし、「ことば」の次の「を」が引っかかります。筆者は「ことば」は「生みだした」の目的語だから「を」でいいと思ったのでしょうが、この場合「ことば」は「ものである」の主格になるわけで、「を」はやはりおかしいのです。ここは「書いたことばが」とするほうが自然です。

筆者は、主格の「が」を使えば次の「自分が」の「が」と重なることを嫌ったのかもしれません。それならそれで、別の書き方をすればいいのです。

> 筆跡は、自分が生みだしたことばを書いたとき、さらに光っているように思う。
>
> ◇
>
> 筆跡は、書いたことばが自分のものであるとき、さらに光っているように思う。

このほうがずっと分かりやすいですね。

古代の日本語には格助詞はなかったと言われています。口語体の文章に比べ文語体の文章は格助詞が少ないのが特徴です。現代の日本語でも話し言葉・会話文の場合、しばしば格助詞は省略されます。こんなフィクションを書いてきた学生がいました。

> 皆さん、今日は。「超現代日本語講座」の時間、やってくる。この講座、二十世紀末、「ら抜き言葉」から始まり、「てにをは抜き言葉」にまで変遷した超現代日本語、六十歳以上の人、教える。ご存じの通り、日本語すごく変わった。二十世紀末から、外国人たくさん入国した。彼らにとって日本語、とても難しかった。そのころ、帰国子女増えてきた。彼ら、英語圏育ち、「てにをは」よく使えなかった。そこで、国際化目指す日本、言葉簡略化した。でも、昔の人、変わった言葉、よく分からない。だから、この講座やる。

「てにをは」を抜いても、文章の意味は理解できます。しかし、何とも舌足らずで、日本語を習い立ての外国人としゃべっているような感じになります。

大脳の損傷で言葉を話すことができなくなる失語症の初期の症状の一つに、助詞がまず欠落する症状があるそうです。助詞があってこそ日本語は完全なものになるということです。適切な「てにをは」は、美しい日本語の文章には欠かせない存在です。

「は」と「が」

「は」は既知、「が」は未知、使い分けは意外に簡単です。

外国人に日本語を教える場合、難問の一つは助詞だとされています。ことに普通、主格の言葉につく「は」と「が」がどう違うかを理解させるのには苦労するそうです。日本人でも「は」と「が」がどう違うか、「吾輩は猫である」と「吾輩が猫である」がどう違うのかを問われて、違うことは分かっていても、その違いを即座に明快に説明できる人は少ないでしょう。

学者の間にもいろいろな説がありました。「は」は対象の大きな広い部分を話し手が扱う場合で、「が」は小さな狭い部分を扱っている、「は」は話の行われる中心点、話の主題を示し、文にまとまりを与える、「が」は話のうちに出てくることがらを何らかの仕方で限定するが、限定の範囲が狭いといった具合です。三上章氏は「は」は「について言えば」の心持ちであり、文の題目を提示、文の結びまでかかる、時に「が」「の」「に」「を」を兼務する、「が」は文の題目ではなく、働きは文末までは達しない、と説いています。

大野晋氏の説明（『日本語練習帳』）によれば、「は」の主な役目には「話の場、問題の設定」（話題を前から頭の中にあることとしてそこに置き、それについての新しい情報が下に来るぞという約束をする）（例文＝以下同じ＝は「山田君は（ドウシテイルカトイウト）ビデオに埋もれて暮らしている」）、「対比」（「碁は打つ（が将棋は指さない）」）、「限度」（「十日まではだめです」）、

「再問題化・再審」（「美しくは見えた（シカシ……）」）の四つがあるということです。その四つに共通しているのは、「は」はすぐ上にあることを、いったん切って孤立させ「他と区別して確定したこと（もの）として問題とする」という働きです。

一方、「が」には、(1)「直上の名詞と下に来る名詞をくっつけて一かたまりの観念にする」（「この芸ができる犬はわが愛犬のみだ」）、(2)「現象文を作る＝新事実の発見」（「花が咲いていた」）という働きがあると説明されています。

こうした「は」と「が」の性質の違いから出てくるのが、「は」が付くのは既知の古い情報であり、「が」が付くのは未知の新しい情報だという使い分けです。（大野晋『日本語の文法を考える』）

文は、相手がすでに知っているはずのこと（既知）を書くこともあり、知らないはずのこと（未知）を書くこともあります。

初めに既知が来る文では既知の情報の下に「は」を使います。ある会合で自己紹介をすることになったとします。会場の人々は私の顔は何度も見て知っているのですが、どんな人間であるかは知りません。そこで、

「私は元新聞記者です」（既知＋は＋未知）

あるいは、共通の知人のうわさをするときです。

「あいつは本当に頭がいい」（既知＋は＋既知）

これに対して、初めに未知が来る文では、未知の情報の下に「が」を使います。新年会の会場で「どなたが幹事でしょうか」と聞いてくる支配人に、

「私が幹事です」（未知＋が＋既知）

あるいは、この間、京都に行ってきたという友人に、京都はどうだったと聞くと、

「桜がきれいだったよ」（未知＋が＋未知）

といった具合です。数式になぞらえて既知を定数、未知を変数として説明する人もいます。

こうした「は」＝既知・周知・定数、「が」＝未知・新出・変数説から国語学者の永野賢氏は、新聞の社会面の記事と政治面の記事の性格の違いについて興味深い指摘をしています。（『文法研究史と文法教育』）

手元の新聞を広げると、政治面では、

> 社会保険庁は十三日、国民年金保険料の徴収対策として、十分な所得があるのにもかかわらず、保険料を納めない悪質な未納者約一万人をリストアップし、預貯金などを差し押さえる強制徴収に乗り出す方針を決めた。
>
> ◇
>
> 日本、ロシア両政府は二十六日、ロシア官民代表団が十一月にも訪日することで原則的に合意した。

というふうに、多いのは「は」です。

これに対して社会面は、

米国で見つかった新型のコンピューターウイルスの被害が、国内の個人ユーザーや官庁、企業などにも拡大している。

◇

名古屋空港の消防設備が、空港消防の整備基準を満たしていないことが二十六日、わかった。

といった具合に「が」が目立ちます。

社会面の報道は、「いつ、どこで、だれが何をしたか、どんな事件が起こったか」を述べることが多いのです。登場人物は大多数が無名の庶民であり、未知・変数の「が」が多数派になります。一方、政治面の報道は、内外の政治情勢が題材であり、「周知の話題や行為主体について、どうなったか、何を行ったか」を述べることが多く、既知・定数の「は」が幅を利かせることになるわけです。

「下げ止まる県内設備投資」と題した地方紙の社説を読んでいて、「が」の使い方で引っかかる感じがするものがありました。

県内の民間設備投資が本年度に大きく落ち込んだものの、来年度は上向きそうである。景気がもう悪化しないと受け止めたい。

◇

設備投資の減少が止まるだけでも意義が大きい。内需の柱である個人消費がさえないとしても、県内の景気がどんどん後退する状況が考えられなくなったから、経営者の不安を緩和し、心理的に元気を出させる効果があろう。

傍線を付けた「が」は「は」としたいところです。最初の文章は社説の書き出し部分です。タイトルにもあるように、県内の民間設備投資が下げ止まったというニュースを受けて書かれたものだと推定されます。つまり、「県内の民間設備投資」は読者にとって既知の情報です。また、「景気」はこの種の社説を読む読者、経済問題に関心を持つ読者にとっては最大の関心事と考えられ、これも「既知」のことがらに属します。

二番目の文章は社説の途中部分です。「個人消費がさえないとしても」という書き方は、この個人消費不振という事実が読者にとっては先刻承知の、頭の痛い状況であることを示しており、さらに「県内の景気がどんどん後退する状況」はこれまで読者を散々悩ませてきた困った状況で、これも既知であることが十分に推察できます。

結局、この「が」のついた四つの言葉は、どれも読者がすでに知っていることがらであり、「は」を使ったほうが自然なケースと思われます。

「が」の使い方

いくつも重ねて使わないようにしましょう。「を」との使い分けにも注意しましょう。

格助詞の「が」には、ほかにも注意したいことがあります。一つは「～が～が」といった具合に一つの文の中でいくつも重なると見苦しいので、重ならないようにしたいということです。

高校の理科系の先生たちが出している研究会の機関誌にこんなくだりがありました。

> 仲間が都合よく小学校、中学校、高校にそれぞれいたのが幸いしてトントン拍子に関連集会が準備された。われわれ自身が、小、中、高それぞれの現状の情報交換ができることが大切であるとの認識を持てたことが、関連集会を開催できた原動力である。

ことに「われわれ自身」以下の文のように、並列でなく互いに重なっていく形で四つも主格の「が」がある文は珍しく、同時に見苦しく、かつ読みにくいのです。こういう場合は、できるだけ、「が」の数を減らしましょう。そのためには「が」の付いていることばを省略するか、主格でなく他の格にすることです。

もともとは主格を示す助詞で、今はもっぱら所有を示す助詞として意識されている「の」を使って書き換えてみると、「われわれ自身が認識を持てたこと」→「われわれ自身の認識」、「情報交換ができることが大切である」→「情報交換の重要性」といった具合に「が」は減らせます。書き換え例を示しておきます。

幸い都合よく小学校、中学校、高校にそれぞれ仲間がいてくれたため、トントン拍子に関連集会を準備することができ、開催にこぎつけた。その原動力となったのは、小、中、高それぞれの現状の情報交換の重要性についてのわれわれ自身の認識である。

次の問題は、「が」の使い方の揺れです。

① 水が欲しい。
② ウナギが食べたい。
③ 映画が好きだ。
④ 水泳が得意だ。
⑤ 本が読める。
⑥ 語学が出来る。

①から④までの例文の述語、「欲しい」「食べたい」「好きだ」「得意だ」に共通するのは、話し手の希望や欲求、感情、巧拙を表す形容詞（形容動詞）であることであり、その対象になる言葉には「が」が付くのが普通です。また、⑤、⑥の「読める」「出来る」は状態を表す可能動詞で、自動詞の一種であり、対象には「が」が付きます。

ところが、最近はこれらを、

①　水を欲しい。
②　ウナギを食べたい。
③　映画を好きだ。

というように書く人が増えています。

⑤　本を読める。

とも書きます。

④　水泳を得意だ。
⑥　語学を出来る。

と書く人もそのうちに出てくるかもしれません。

こうした情意の対象になる言葉は、欧米語では目的格になります。翻訳調の文章に影響されて、「が」の代わりに「を」を使うようになったのだろうと言われています。「を」のほうがむしろ正しいと信じ込み、「を」を使う人が増えてくると、「を」は誤りだとは言えなくなってきます。「だれでもタンポポをすきです」という文が小学校の国語の教科書には載っているそうです。外国人向けの日本語の教科書などには、これは「が」でも「を」でもどちらでもいいと書かれたものもあります。しかし、本来は「が」と書くほうが日本語としては正しいのです。

述語が能動態であるか、受動態であるかによって、「が」の付く言葉が主格から目的格に変わり、「が」を「を」や「に」に変えなければいけない場合があることも、注意が必要です。

安いスーツなら一着数千円で買える時代に、なぜほとんど変わりない学生服が、何倍もの値段で売ることがまかりとおるのか。

新聞の投書の一節ですが、続き具合に大きい違和感があります。「が」が付いている言葉が述語の主格でなく与格あるいは目的格であるためです。これに対しては述語を受け身の形にして「が」の付いている言葉を主格にするか、「が」を「に」あるいは「を」に変えるか、どちらかの手直しが必要です。

安いスーツなら一着数千円で買える時代に、なぜほとんど変わりない学生服が、何倍もの値段で売られることがまかりとおるのか。

あるいは、

安いスーツなら一着数千円で買える時代に、なぜほとんど変わりない学生服を、何倍もの値段で売ることがまかりとおるのか。

と書き直すべきです。

「に」「へ」「と」

助詞の使い方で地域性やものの考え方の違いが分かることもあります。

使い方に迷う助詞の例は、「は」と「が」、「が」と「を」に限りません。場所を示す助詞の「に」と「へ」なども、気にし始めるときりがありません。最初の例文は、詩人の田村隆一氏の『インド酔夢行』からです。

カルカッタ的暑さから逃避するため、インド博物館にとびこんだ。

◇

そして僕らは、いつのまにかベナレスの北にむかって、アンバッサダーを走らせている。

◇

午後二時、車で港の方に行ってみる。

次に、札幌生まれのある新聞記者の文章から。

その朝、わたしは七八号線をニュージャージーへ向かっていた。

◇

お年寄りを検査のため病院へ運んだり、自宅へ送り届けたりする。

翌日、社へ行ってから地元日刊紙をめくった。ロジャーの記事が出ていた。

（高橋純二『フリープレスの180日』）

◇

前者と後者の間には助詞の使い方にははっきりとした違いがあります。

文法の本では、「に」は「ニューヨークに着く」のように場所（目標・帰着点）を示す助詞であり、「へ」は「東へ向かう」のように、方向・方角を示す助詞だと説明されています。しかし、田村氏は「北にむかって」「港の方に行ってみる」など、方向・方角を示す場合にも、「に」を使い、一方、高橋氏は、病院、自宅、社といった場所を示す助詞にも「へ」を使っています。

では、二人とも間違った使い方をしているのかというと、そうは言えません。明らかに別のニュアンスの「は」「が」の混同とは違って、「へ」と「に」の場合は、いずれにしても示すのは方角か目標かであり、誤解の余地はないからです。この方角・目標の助詞には地域性があり、九州では「に」、関西、関東では「へ」が使われることが多いと言われています。「に」を方角にも使う人に「出身は九州ですか」と聞いてみたら、なぜ分かったと驚かれるかもしれません。

ある主婦が新聞に「『……でいい』はやめて」と投書していました。

友人が「……でいい」という言葉が許せないと言う。喫茶店でみんながコーヒーを頼むと必ず「私もコーヒーでいいわ」と言う人がいる。「それって違うものが飲みたいのに我慢しているってことじゃない？」と言うのである。「コーヒーでいい」「コーヒーがいい」同じじゃないかと言われればそれまでだが、私には友人のこのこだわりがとてもよくわかる。（略）妥協と協調とは違う。「で」と「が」にこれからも当分こだわりそうだ。

一見したところでは大差のない二つの助詞が、実は、使う人のものの考え方、人生の生き方の違いをくっきりと反映することがあるということです。読んでいて、劇作家の宇野信夫さんの『はなし帖』の一節を思い出しました。

「親になる」という言葉がある。また「親となる」という言葉がある。この「に」と「と」で、意味がだいぶ違ってくる。わたしの書いた戯曲に、岡っ引きが遊び人に意見をする場面がある。遊び人は、自分がその岡っ引きのために牢《ろう》に入れられ、その間に子供が行方不明になったので、岡っ引きに逆恨みをして、刃物をもって向かう。岡っ引きはそれをとめて、お前に子供を育てる資格はない。「親になる」のは犬猫でも出来るが、「親となる」ことはむずかしい。お前は「親に」はなれたが、「親と」はなれない。「に」と「と」の違い——ここをよく考えろ、とさとすと、相手は文盲な人間だけに、かえってこの意味を悟る、といった筋である。

文法的に補足すると、「に」は場所、到着点を示す助詞であり、「正月になる」「老人になる」「現実になる」などの「になる」は、その状態に自然に達するという意味合いになります。夫婦になって子供ができれば「親になる」です。「と」は「〜と言う」「〜と思う」など動作の内容を指示、指定するのが役目であり、指示・指定は、意識的、意図的であることが特徴です。「政治家となる」「パイロットとなる」は意識してその資格を得るというニュアンスです。

ひところ「親学」という言葉がしきりに語られました。「親になる」ことは簡単でも、「親となる」ことは決して容易ではありません。宇野さんが言う「に」と「と」の違いは、おおざっぱに言ってこんなことでしょう。

列挙、並列を表す格助詞の「と」にも気を付ける必要があります。「エメラルドとダイヤモンドがついたブレスレット」という表現は「エメラルド」と「ダイヤモンドがついたブレスレット」の二つの品物のようにも読めます。翻訳家の小鷹信光氏は、「エメラルドとダイヤモンドの両方がついた」と補えば正確だが、うるさくなる、このため「と」を「や」に置き換えたが、それでも読みようによってはまぎれが生じる、と書いていました（『翻訳という仕事』）。

普通は文脈で判断できる問題なので、それほど気にする必要はありませんが、この「と」はもともとは列挙されるもの全部につけるものであり、誤読が心配な場合は、「エメラルドとダイヤモンドとがついたブレスレット」と書けば、誤解の余地はなくなります。

意味のダブリ

重言には理由のあるものもありますが、避けたほうがいいでしょう。

外国の人と直接話せるようになりたい気持ち一心で英語を勉強した。もっと世界を広げるために今現在はドイツ語と格闘中である。ただ、ときどき、こんな努力は後何十年かたてば機械を使うことで無駄になってしまうのかと考えたりする。

学生の作文の一節です。「一心」は一つのことに心を集中することですから、「気持ち」は要りません。「今」と「現在」も同じような意味の言葉であり、どちらか一つでじゅうぶんです。このように同じ意味の言葉を重ねて使うことを「重言」と言います。

「いにしえの昔の武士の侍が、馬から落ちて落馬して、女の婦人に笑われて、腹を切って切腹した」というのは、重言をからかった、昔から有名な成句です。

重言は目障りで、わずらわしいと、気にする人が大勢います。できるだけ避けたほうがいいと思います。

もっとも、文章を一心に書いているときは、意外に重言に気が付かないものです。新聞や雑誌でもときどき見かけます。テレビやラジオでも、おやと思うアナウンスがよくあります。

祝辞の言葉　河口口《かこうぐち》　うたかたの泡　突然の急死　石を投石　後にバック　日本に来日
カバーの色が変色　建設工事に着工　水道の水が断水　得点をとる　いまだに未解決

などです。

学生の作文でも次のような例がありました。


あらかじめ予測していた通り　新たなスキー場を創設して　真剣な精根を込めて　衆議院議員の総選挙　後で後悔する　今の現状

せっかくの記事、論文が興ざめです。書いたあとの見直しを励行しましょう。

ただ、つい重言を使用してしまう背景には、そのことに念を押したい心理のほかに、二つのことがあるのではないかと思われます。

一つは、日本語の重要な要素の一つである漢語に、重言的な表現が多いことです。

今書いた「使用」は「使う」「用いる」という同じような意味の二つの漢字が重ねられており、「重要」は「重い」と「要=大切な」という似たような二つの漢字を重ねたものです。「表現」も「表す」「現す」という似た意味の二つの漢字の複合語です。

日本語に多い擬声語・擬態語に、ピカピカ、キラキラ、サラサラ、バタバタなど、同じ言葉を重ねて作るものが多いことも、重言に影響しているかもしれません。

もう一つは、その言葉をいやが上にも強調したいという意図で好んで重言のような書き方をする人もいるということです。こうした書き方は欧米では「トートロジー」（同義語反復）と呼ばれ、レトリックの一つとされています。

厳密に言えば重言だが、長年にわたり多くの人によって使われている間に、すっかり慣用的表現になった言い方もあります。

> 人生を生きる　掛け声を掛ける　二度と再び　歌を歌う　出稼ぎに出る　富士山の山頂
> その年の年末　耳で聞く

などはほとんど抵抗感がありません。英語などにも同様な表現（同族目的）があり、live a happy life（幸福な人生を生きる）、die a glorious death（栄光ある死を死ぬ）といった言い方をするためもあるかもしれません。

> 犯罪を犯す　被害をこうむる　最後の追い込み　従来から　一番最初の

といった言い方も、私にはまだ引っかかるところがありますが、今はどうやら普通に使う人のほうが多いようです。

言葉足らず・しりきれトンボ

必要事項を書き込まなければ、自分の言いたいことは伝わりません。

重言とは逆に、そこに書かれていなければならない言葉を省略して、平然としている文章もよく見かけます。書き込む手間を惜しんだというより、むしろ頭の中で次々とわいてくる言葉の流れに鉛筆やパソコンが追い付かず、自分が気付かないうちにすきまが生じたと解釈すべきなのかもしれません。しかし、読んでいて必要な言葉が入っていないと、穴の開いたでこぼこ道を歩かされているような気分になってしまいます。

新聞の投書欄に、かつて青少年施設の誘致運動をして関係者に陳情を繰り返した人が、開所式に参列できた喜びをつづったものがありました。

> 私どもが陳情した当時の県、県教委の幹部の方々はほとんど交代されたようだ。だが当初から陳情団の先頭に立って尽力された地元選出の現職県議会議員も式典に参加され、感無量だったことと思うが、歴代の関係機関の方々に心から謝意を表したい。

一読して頭に入らないのは、話があちらこちらに飛んでいるからです。

よく読むとこの文章には、①県、県教委の当時の幹部はすでに交代して顔ぶれが変わっている、

②陳情団の先頭に立った県議会議員は式典に参加し、感無量だったであろう、③歴代の関係機関の方々に感謝したい、という三つの部分があります。

この「当時の幹部」「県議会議員」「歴代の方々」は、筆者の頭の中では、同じ範疇《はんちゅう》に属する人たちなので、並べて書くのは自然な流れだったのでしょう。しかし、読む側にとって分かりにくいのは、各部分をつなぐ要素を表現する言葉が抜けているためです。これは、

> 私どもが陳情した当時の県、県教委の幹部の方々は、ほとんど交代されたようで、姿は見えなかった。だが当初から陳情団の先頭に立って尽力された地元選出の現職県議会議員は式典に参加され、感無量だったことと思う。この機会に歴代の関係機関の方々に心から謝意を表したい。

というように各部分の間の断絶を埋める語句を補えば、筋が通って分かりやすくなります。

首相の東南アジア訪問を論じた新聞の社説にこんなくだりがありました。

> ＡＳＥＡＮ諸国は二十一世紀の世界経済を引っ張る一つになると期待されているし、それだけの実績も残している。（中略）ＡＳＥＡＮとわが国には取り立てて懸案はない。むしろ、かなり自由に意見交換ができる関係にある。

疑問の多い文章です。「引っ張る一つ」とはそもそも何でしょう。「懸案はない」と言いますが、ASEAN諸国も日本も懸案だらけで、政府は頭を抱えているではありませんか。もっとも、こんな文句を言うのは半ば言いがかりに近いかもしれません。世界経済には一九八〇年代から「牽引車《けんいんしゃ》」論があり、日本とドイツが繰り返し標的にされていました。もともと首相の訪問が主題の社説ですから、懸案と言えば先方とこちらの間の懸案のことを指すに決まっている、と論説委員はおそらく主張するでしょう。

しかし、それでも社説という文章は、小学生から高齢者までいろんな読者が読むものであり、善意の第三者をつまずかせる落とし穴があってはいけません。ここは当然、

> ASEAN諸国は二十一世紀の世界経済を引っ張る牽引車（または勢力）の一つになると期待されているし、それだけの実績も残している。

という具合に、その一つが何の一つなのかを書いてもらいたいところです。懸案のほうも、

> ASEANとわが国との間には取り立てて懸案はない。むしろ、かなり自由に意見交換ができる関係にある。

と、「との間」をきちんと入れておくべきです。

学生の作文にもよく言葉足らずの例があります。

私はかつて完全主義者であった。何もかもが理路整然としていて説明のつかないものは信用できなかった。

という書き出しの作文がありました。「理路整然としていて説明のつかないもの」は、論理矛盾であり、あるわけはありません。この学生は多分、

何もかもが理路整然としていることを求め、説明のつかないものは信用できなかった。

あるいは、

何もかもが理路整然としているべきだと考え、説明のつかないものは信用できなかった。

と書くつもりだったのでしょう。

前段に書かれたことを受けるためになくてはならない後段の記述が欠けていて、しりきれトンボになっているケースも当然、筆者の言いたいことは通じません。

新聞の社説が「拠点都市指定への期待と不信」と題して次のように論じていました。

（地方拠点都市づくりの）構想が生まれた背景には、東京の一極集中が一向に解消されないこと、地方に生産拠点は広がっているが、本社のある東京にお金や情報、人材が吸い上げられる構造は変わらない。

「背景には」と切り出したからには、「…がある」「…といった事情がひそむ」というように受けなければ、おさまりが悪く、すっきりした文章になりません。

これは当然次のように書いてほしいところです。

構想が生まれた背景には、（略）一向に解消されないことと、（略）吸い上げられる構造が変わらないことがある。

あるいは、

構想が生まれた背景には、（略）一向に解消されず、（略）吸い上げられる構造が変わらないといった事情が挙げられる。

「決して」には「ない」を

受けるべき言葉で受けないのは、言葉の約束に違反しています。

昔の文語体の文章、古文には「係り結び」という呼応がありました。「辺《へ》にこそ死なめ」「なむありける」のように、「こそ」と来たら已然形で受け、「ぞ」「なむ」「や」「か」は連体形で受けるという決まりでした。それとは性質は違いますが、口語にも、特定の言葉を使ったら、それに対応する一定の表現で受けるという決まりがあります。「かかり合い」「呼応」「おさめ」などと呼ばれています。よく例に引かれるのは、「決して」という副詞です。「決して」と来れば、必ず「〜ない」「〜ないだろう」と、否定の言葉で受けなければいけません。「決して過ちを繰り返すつもりだ」とは言えません。「過ちは繰り返さない」「過ちを繰り返すつもりはない」というように否定で受けなければ、「決して」という言葉は浮いてしまいます。

日本語への批判の一つに、文末にまで行かなければ、「〜である」か「〜でない」か分からない、あいまいで不便な言葉だという主張があります。しかし、「決して」のような副詞を使った場合は、読み手に対して予告として働き、読者は結論を予想することができます。日本語の弱点の一つを埋め合わせる役割を果たしているわけです。

文末に来る述語部分に、否定や推量など特定の「陳述」の仕方を要求することから、この「決して」のような副詞の仲間は「陳述の副詞」とも呼ばれています。次のような仲間がいます。

◇否定　とても～ない、全然～ない、到底～ない、一向に～ない、二度と～ない、必ずしも～ない、少しも～ない
◇推量　多分～だろう、おそらく～だろう、さぞ～だろう
◇否定の推量　まさか～まい（ないだろう）、よもや～まい（ないだろう）
◇仮定　もし～なら～だろう、万一～なら～だ、たとえ～でも～ない
◇比況　まるで～のようだ、ちょうど～のようだ、あたかも～のようだ
◇願望　どうか～ください、どうぞ～ください、ぜひ～ほしい
◇疑問・反語　いつ～か、どこで～か、なぜ～か、どうして～か

学生の作文に、

> 私の一つの特徴として、柔軟さ、ファジーがある。これは決して優柔不断とは違う。

というのがありました。否定の意味を持った「違う」を否定語の「ない」の代わりにしたのだと思われます。しかし、市民権を得た表現だとはまだ思えません。避けたほうがいいでしょう。

ただし、こうした呼応関係は絶対的なものでもなく、時代によって変わることがあります。よく挙げられる例は「とても」や「全然」です。かつてはその後に否定語が必要だったのですが、今は「とても美しかった」「全然すばらしい」というように、「非常に」「たいへん」といった肯定的な意味の副詞としても使われています。

誤用、許容と言い換え語

赤信号、みんなで渡れば怖くなくなる？　という場合もあるので複雑です。

「抱腹絶倒《ほうふくぜっとう》」という言葉があります。腹を抱えて転げ回るほど大笑いすることです。この言葉は本来は「捧腹絶倒」でした。「捧」も抱えるという意味で、同じような意味でポピュラーな「抱」にいつの間にか取って代わられたものです。

「独壇場《どくだんじょう》」は、その人だけが思うままに振る舞うことができ、他人の追随を許さない場所・場面を意味します。本来は「独擅場《どくせんじょう》」でした。独擅とは思いのままに振る舞うことで、中国の古典の『戦国策』にも出てくる、由緒ある言葉です。ところが、「擅」と「壇」は字が似ている上に、「一人舞台」といった意味に引きずられ、「擅」が制限漢字だったことも手伝って、今では「独壇場」しか知らない人がほとんどです。

「あっけらかん」という言葉は「本人は『あまり気にしてません』とあっけらかんとしている」というふうに、けろりとしている、どこ吹く風、平然としているといった意味で使われています。しかし、本来の意味はかなり違います。辞書には「事の意外さに驚いて、口を開けてぼんやりしている様子」とあります。しかし、今この意味で使っても通用するかどうか疑問です。

五月のゴールデンウィーク。初夏の空がすがすがしく晴れ渡ると、新聞は「さわやかな五月晴れ」と見出しで大きくうたいます。高齢の読者から「五月晴れとは、陰暦の五月に降る五月雨

（梅雨）の晴れ間だ」と物言いがつきます。「『さわやか』は秋の季語だ」と指摘する人もいます。一理ある指摘です。しかし、「五月晴れ」も「さわやか」も、今は五月の形容として決して不自然ではなくなったようです。

若い部下に「課長は初老ですから」と言われ、「おれはまだ四十になったばかりだ」とふんまんやる方なかった人が帰宅して辞書を調べ、「四十歳の異称」とあるのを発見して愕然《がくぜん》としたと話していました。平均寿命の短かった昔は、四十代になれば、年寄り扱いされたのでしょう。四十一歳で『野ざらし紀行』、四十六歳で『奥の細道』の旅に出た松尾芭蕉など「翁」のイメージそのものです。

しかし、今は違います。男の平均寿命も七十歳をはるかに超え、四十歳は青年の部類です。辞書によっては「初老」を「もと、四十歳の異称。現在は普通に六十歳前後を指す」と説明しています。もの知らずの部下にこの辞書を見せてやってください。

「年増」も辞書には「近世には二十歳前後を指したが、現代では三十歳代をいう」とあります。入社後たかだか五、六年のあなたのことを「大年増」とか「お局《つぼね》さま」と陰で呼ぶ失礼な後輩がいたら、言葉に対する無知を毅然としてたしなめるべきです。

本来の意味を離れて違った意味に使われるようになった言葉、「誤用」が許容されるようになった言葉は結構たくさんあります。言葉は生きているので、それも当然のことです。世の中には潔癖な人がいて、昔から使われていた意味、用法以外は認めず、そこから少しでもはみ出すと不快の念をあらわにしたりします。言葉の世界の守旧派です。

しかし、たとえて言うなら、言葉は人間とともに生きる生き物であり、その世界では人間同様、民主主義が適用されてしかるべきでしょう。大多数の人たちが、ある言葉をある解釈で使うようになったら、素直にその事実は認めたほうがいいでしょう。言葉を檻《おり》の中に閉じ込めておくことはできません。語源からすれば、「新しい」は「あらたしい」と言うのが正しいのです。だが、今、だれも「××と畳はあらたしいほうがいい」などとは言いません。

もともとは誤用だった言葉と性質が違うのは、意図的に作られた「言い換え語」です。戦後、国語国字改革による漢字使用の制限を受けて、いろんな機関によって工夫されました。文部省（当時）が制定した学術用語、内閣法制局が決めた法令用語、国語審議会が決定した書き換え語、日本新聞協会が決めた新聞用語などで、こちらは言ってみれば、意図的、人為的な許容語です。

例を挙げると、新聞用語では（括弧内は昔使われていた言葉）、

◇加担（荷担）、罪科（罪過）、従順（柔順）、雨期（雨季）、風光明美（風光明媚）

学術用語では、

◇関数（函数）、台形（梯形）、広葉樹（濶葉樹）、希硫酸（稀硫酸）、長方形（矩形）

法令用語では、

◇外郭（外廓）、供応（饗応）、雇用（雇傭）、定年（停年）

国語審議会の書き換え語は、

◇快活（快濶）、皆既食（皆既蝕）、壊滅（潰滅）、記章（徽章）、丁重（鄭重）

などがあります。すでに、それぞれ定着しています。

慣用句

意味を間違って覚えていないかどうか、もう一度確かめましょう。

「皆さん！　いよいよ決戦の火ぶたが切って落とされました！」

国会が解散された日、テレビを見ていたら、ある政党の指導者がその党の議員総会で演説している風景が映りました。カメラを意識したのかどうか、一段と声を張り上げての大演説でしたが、惜しむらくは、その用語です。火ぶたは「切る」ものではあっても、「切って落とす」ものではないのです。

詳しい説明は略しますが、この「火ぶたを切る」はもともとは、室町時代から江戸時代にかけて使われていた火縄銃から出た言葉です。火縄銃は火縄の火を銃の側面に取り付けた火皿の中の点火薬に点火して発射しますが、火皿を覆っているのが火ぶたで、点火するためそのふたを開けることを、火ぶたを切ると言うのです。切られた火ぶたは、その後再び火皿を覆うことになりますが、切って落としてしまえば、その銃はもう使えません。物事を始めるという似たような言葉に「幕を切って落とす」というのがあって、その「切って落とす」と混同してできたのが、この「火ぶたを切って落とす」という間違い言葉です。この間違い慣用句は、政治家の口からだけでなく、スポーツ新聞などでもよくお目にかかります。

前節で述べたように、言葉は変化します。最初は明らかな誤用であっても、大多数の人々によって使われるようになれば、社会的に認知されたことになります。しかし、きちんとした文章を書こうと思うなら、まだ誤用の意識が強く認知の段階に至らない慣用句は、避けるべきです。

以下、「火ぶたを切って落とす」のような、比較的多くの人によって使われてはいても、実は誤用だったり、誤った意味に使われがちだったりする慣用句を紹介します。◆は誤用の例、◇が正しい表現、使い方です。

◆アドバルーンを揚げる（政治家などが世間の反響を見るために発言する場合）◇観測気球を揚げる

アドバルーンは宣伝広告のための気球のことです。

◆汚名を挽回する　◇汚名を返上する　◇汚名をそそぐ　◇名誉を挽回する　◇名誉を取り戻す

挽回とは失ったもの、遅れたものを取り戻すことであり、そそいだ汚名を取り戻したがる人はいません。劣勢を挽回する、失地を挽回するとは言えますが、業績不振、不人気、苦戦などにも挽回は使えません。

◆気が置ける、信用できる人　◇気が置けない人（心を許して付き合うことのできる人）

◆苦肉の策（ごく気軽に使われる場合）◇苦しまぎれの策、苦心の策。

苦肉とは敵をあざむくために実際に自分の肉を傷つけることで、自分自身を犠牲にするほどの思い切った策以外に使うのは仰々しすぎる感じです。

◆公算が強い　◇公算が大きい

◆駅伝で五人をゴボウ抜きにした　◇座り込んだデモ隊をゴボウ抜きにした

ゴボウを引き抜くように一人ずつ片端から引き抜くことで、追い抜くことではありません。

◆里帰りする（故国や出身地に戻って落ち着くといった意味で使う場合）

本来は女性が結婚後初めて実家に帰ることです。転じて、かつていた場所に一時的に帰る場合にも使いますが、あくまで「一時的」であり、「浮世絵はわが国でも市民権を取り戻し、里帰りしたものも多いので一安心」といった使い方は誤りです。

◆食指をそそる　◇食指を動かす　◇食欲をそそる

◆ジンクス（いいことに使う場合）

テレビの女子学生就職問題の番組で「ここで写真を撮れば必ず内定をもらえるというジンクスが……」とアナウンスしていましたが、原義は縁起が悪いことで、いいことには使いません。「必ず落とされるというジンクス」なら構いません。

◆せめぎ合い（もともとは互いに恨み、含むところがあって争うことで、単なる政党間の対立などに使うのは行き過ぎです）

◆他山の石（模範の意味に使う場合）

よその山からとれた見てくれの悪い石でも自分の玉《ぎょく》を磨くのには役立つ＝他人の誤った言行も自分の修養の助けになるという意味であり、他人に「あなたは他山の石だ」と言ってはいけません。きわめて失礼な言い分だと受け取られます。

◆他力本願（他人の助けを当てにして自分は何もしないでいるといった安易な生活態度に使う場合）

他力本願は浄土宗の重要な教義で、阿弥陀仏の願いの力に頼って成仏することを言います。

◆デッドロックに乗り上げる　◇暗礁に乗り上げる　◇デッドロックに突き当たる

デッドロック（dead lock）は壊れて開かない錠前のことです。転じて会議などの行き詰まり、停滞の意となりました。lockをrock（暗礁）と勘違いし、一時は国語辞書にも載ったのが「デッドロックに乗り上げる」という慣用句ですが、英語にはdead rockという言い方はなく、誤りです。

◆出るくぎは打たれる　◇出るくいは打たれる

◆流れにさおさす（時流に抵抗・逆行するという意味に使う場合）

新聞の短評欄が「歴史の流れにサオ差して『国益侵害』と北朝鮮、NPT脱退を正式通告」と書いていました。「権力者の顔色をうかがうことなく、流れにさおさして生きるつもりです」と決意表明をする人もいます。しかし、「さおさす」は時勢・流行にうまく乗るという意味で、全く逆です。この誤用はおもしろいことに七十代以上の老齢者に多いということです。

◆メッカ（「麻薬犯罪のメッカ」など、多発地、常習地といった意味に使う場合）

メッカはイスラムの聖地です。たとえ自分が信じていない宗教であっても、宗教上尊崇されているものをマイナス価値の表現として使ってはいけません。

故事、ことわざ、引用

安易な使い方、月並みな引用、誤用に注意しましょう。

だれもが知っている故事、ことわざ、有名人の名文句を引用すれば、自分が言いたいことを手っ取り早く相手に伝えることができます。しかし、引用に当たり注意しなければならない点が四つあります。

第一、安易な使い方は、文章自体を説得力に乏しく、奥行きのないものにしてしまいます。ことわざには正反対の意味のものが少なくありません。「一度あることは二度ある」と言いながら、「いつも柳の下にドジョウはおらぬ」と言います。「鶏口となるも牛後となるなかれ」と言いながら、「寄らば大樹の陰」と言います。その場その場で自分を正当化できるので、説得力を必要とする文章にはこの種の処世訓ことわざは向きません。古人の名句も、明らかに立場の違う人には効果がありません。

第二、あまりにもしばしば引用される、月並みな故事、ことわざは、またかという印象を与え、文章を陳腐にします。結婚式の祝辞などで、同じことわざを二度も三度も聞かされると、しゃべっている本人は大まじめであるだけに、聞くほうは困ってしまいます。

第三、故事、ことわざを間違えて使っている場合です。これも筆者の教養の程度をうかがわせ、読む人を落ち着かなくさせます。

「芸術は長く、人生は短し」とはヒポクラテスのよく知られた格言。芸術とは永遠の美の創造と、彼は考えたのだろう。しかし、古代ギリシャ人が美しいと思うものが、いつの時代でも、どこの土地でも通用するとは限らない。

ある評論家の評論の一節です。いつの時代、どこの土地にも共通するような美はないという論旨は同感できます。問題は、「芸術は……」とヒポクラテスをストレートに結び付けたことです。ヒポクラテスは医学の父と呼ばれる、紀元前四世紀の古代ギリシャの医師です。その箴言《しんげん》集にある「ホ・ビオス・ブラキュス・へ・デ・テクネー・マクラー」がこの格言の原型です。「テクネー」は「技術」「医術」を指し、本来は人生は短いが医術の奥は深い、勉学に励んで身に付けよという、若い医学生への励ましの言葉でした。「芸術」と結び付けられたのは、「アルス・ロンガ・ウィータ・ブレウィス」とラテン語に訳された、かなり後代のことに属します。美を論じるなら、ヒポクラテスとか古代ギリシャ人とか言わずに、せいぜい「西欧の格言」「西欧人が美しいと思うもの」くらいにとどめるべきでした。

ある裁判官が新聞に寄稿しました。

「大義親を滅ぼす」という言葉がある。四十年続いた一党支配の政治を変革するとの大義名分のためには私情を捨てて、腐敗を告発すべきである。

政治腐敗の責任の一端は有権者にもあり、今こそ有権者は政治改革のために立ち上がるべきだという堂々の主張です。

惜しまれたのは引用された言葉です。出典は中国の古典の『春秋左氏伝』で、「おやをほろぼす」でなく「しんをめっす」と読みます。「滅ぼす」では言葉に勢いが出ません。新聞社側で「ぼ」が抜けていると思って補ったのだとすれば、高齢博識の寄稿者は、紙面を見て愕然としたに違いありません。

新聞の投書欄に、医者の喫煙率が高いことに触れて「紺屋の白袴にならぬように率先して禁煙してほしい」という投書がありました。ほどなく載った別の人の投書には「このたとえは少し間違っている。『紺屋の白袴』は、他人のためばかりに忙しく、自分自身のことをするひまがないことを言うのであって、このような場合は『医者の不養生』とすべきである」とありました。

まるきり違う意味に取られていることわざもあります。「情けは人のためならず」は、情けを人にかけておけば、それがめぐりめぐって自分によい報いをもたらすという意味です。しかし、最近の調査では過半数の人たちが、人に情けをかけるとその人のためにならないと解釈し、人に情けをかけるとろくな結果にならないという意味だと思っている人もいたということです。

「犬も歩けば棒に当たる」は、でしゃばると災いに遭う、出歩けば意外な幸運に会うこともあるという、正反対の二つの意味がもともとあります。ところがそれ以外に、人生は先のことがよく分からないという第三の解釈をする人が増えています。

英語の「ア・ローリング・ストーン・ギャザーズ・ノー・モス（転がる石にコケはつかない）」

ということわざは、もとは「たびたび転職する人は金持ちになれない」という否定的な意味でした。最近はそれが「転職を重ねる人ほど磨かれる」と肯定的に取る解釈が有力になっています。

生活習慣が変わると、ことわざの解釈も変わってくるのです。「情けは人」も、「犬棒」も、新解釈は、都市型の社会で他人には無関心な風潮、激動の社会で一寸先は闇という現実を反映しているのでしょう。やがてそれが正解とされる時代が来るかもしれません。

「一姫二太郎」は、最初に生む子は育てやすい女の子がよく、二人目に男児を生むのがよいという意味です。初出産で男の子がほしいのに女の子が生まれたときの慰めの言葉にもされています。しかし、最近では子供は女児一人、男児二人がいいという意味だと思っている人が増えているそうです。中には女性一人男性二人の三角関係のことだと解釈している若い人もいると聞いて、目が点になりました。

いくら時代が変わっても、認めてはいけない誤用もあります。恩師への卒業パーティー招待状に「枯れ木も山の賑わいと申しますので、ぜひぜひ万障繰り合わせてご出席下さい」とあるたぐいです。枯れ木もうんぬんは、もちろん、つまらぬものでもないよりましというたとえです。

第四、注意点の最後は、他人の文章や発言を引用する場合は、(ア)引用符（「　」、『　』など）を付け、それが自分以外の人の発言、文章の引用であることを明確にすること、(イ)引用は、もとの発言、文章の正確、忠実なコピーとすること、です。

他人の知的生産物を利用するときは、それなりのマナー、配慮が必要です。

熟語

意味を誤って覚えている人が結構大勢います。

熟語の誤用も、筆者の言葉のセンスが疑われます。注意してください。

> この仕事が他ならぬ私自身の余命との追いかけっこでもあることに気づかされた。いざ、生きめやも。

ある試みに挑戦中の現代詩人が新聞に寄稿した文章の結びの部分です。興味深く読んだのですが、「いざ、生きめやも」に首をひねりました。「やも」は、係助詞の「や」にやはり係助詞の「も」を重ねたもので、動詞の已然形について文末に来る場合は反語の働きをします。「いざ、生きめやも」の意味は「さあ、どうして生きるのだろうか。いや生きない」といったところです。筆者は恐らく「生きるぞ」と決意を表明したつもりだと思われますが、だとすると意味は逆です。

この「いざ、生きめやも」の誤用は、堀辰雄の『風立ちぬ』にもあって、そこではフランスの詩人バレリーの詩句「Il faut tenter de vivre.」(直訳すれば、生きることを試みなければならない)の訳語として使われていましたが、原詩に忠実に訳すなら「いざ、生きざらめやも」が正しいのです。

首相が胸を痛めるのは、日本人のボランティアと文民警察官のカンボジアでの殉死。特にPKO協力法に基づいて派遣した文民警察官の死については「責任は私にある。一生忘れられない」と語った。

カンボジア総選挙をお手伝いしていた日本人二人が亡くなった事件のときの新聞の解説記事です。最近見かけない「殉死」という言葉が生き返ってきてびっくりしました。封建時代、主君が死んだとき、近臣・妻・側室などがあとを追って自殺することを殉死と呼びました。家臣たちは、主君を慕う心情や、子孫の栄進への期待や、同僚への対抗意識から、追い腹を切ったのです。しかし、カンボジア総選挙の際、選挙監視員を務めていたボランティアの中田厚仁さん、文民警察官として派遣されていた高田晴行さんは、「主君」が死んだわけでも自殺したわけでもありません。これは「殉職」〈職務を果たして、〈職場で〉死ぬこと、職務のために命を捨てること〉です。ついでながら、殉職＝殉死の誤解はかなり広がりかけているように感じられます。ある女性作家は新聞に「『スチュワーデスになれるのなら、殉死しても構わない』という発言に私はげんなりしてしまった」と書いていました。「現役の新聞記者五人が書いた」と銘打ったマスコミ紹介の本には「日本人記者の殉死者はほとんどいない」という記述がありました。

米政権にとっても、米国民の不満をそらすには日本の黒字を〝スケープ・ゴート（いけにえの羊）〃に仕立てるのが手っ取り早い。

新聞の日米貿易摩擦解説記事です。「スケープ・ゴート」という比喩は不適切ではありません。問題は訳語の「いけにえの羊」です。英語で羊はシープであり、ゴートは山羊です。いけにえの羊は、祭壇にささげられて殺される羊であり、スケープ・ゴートは、古代ユダヤで人々の罪を背負わせて荒野に放したと旧約聖書にある山羊のことです。

したがって、正しい訳語は「贖罪《しょくざい》の山羊」「身代わりの山羊」です。牧畜国でない日本では、羊も山羊も区別がつかない人が多いのか、スケープ・ゴートは羊だと思い込んでいる人が少なくないようです。新聞や雑誌がこの言葉を使うと、かなりの確率で「いけにえの羊」という訳語が付きます。だが、この誤用は、どんなに多数派になっても、正しくはなりません。

貴人草という草をご存じだろうか。諫早地方ではキジンソウと呼んでいる。学名ユキノシタ。かれんな花をつける。

ある女性作家のエッセイの一節です。ユキノシタ。本当にかれんな花ですね。しかし、「学名」はいけません。「学名」というのは、動植物の種について、国や人によって呼び名が違っては学術研究が進まないため、世界共通に付けられる名前のことで、ラテン語で表記されます。ユキノシタの学名はSaxifraga stolonifera（岩を砕く若芽といった意味）です。これに対して、日本語での標準名（この場合「ユキノシタ」）は「和名」と言います。この誤用もときどき見かけます。

> 上海の日本総領事館に入った通報によると、中国側は○○助教授の行為が、身分不明者の不法滞在と不法出国を組織し、中国の出入境業務を厳重に妨害する、と指摘。

日本のNGOの代表が、北朝鮮からの脱出者を支援していたとして中国の公安当局に拘束された事件のときの新聞の特派員記事です。「厳重に妨害する」が気になりました。「厳重」というのはどんな些細なことも見逃さないように注意を配ることで、普通「警戒する」「取り締まる」といった言葉にしかつきません。「妨害する」にはなじみません。あるいはと思って中国語の辞書を引くと、「厳重」には「重大である」「深刻な」「ゆゆしい」「手痛い」「ひどい」といった訳語がつけられていました。つまり日本と中国で意味が違う言葉の一つです。それを中国側の使っている通りに使ったので、日本語としては意味をなさない記述になりました。たいへん珍しい、しかし、これから例が増えるかもしれない誤用です。

誤用された熟語が新聞や雑誌に掲載され、読んだ人が正しい用法だと思い込んでしまうと、誤りが再生産されることになります。公的な場に文章を発表する人は、その責任を自覚して誤りのないよう努めてほしいものです。

誤字

うろ覚えの字は、おっくうがらず、必ず辞書で調べましょう。

新入社員を前に○○社長は、業界の厳しい状況に触れながら「疾風に頸草（けいそう）を知る、という格言がある。激しい風が吹いて初めて強い草が見分けられるという意味だが、一人ひとりが頸草であることを期待する」と激励した。

ある新聞に載ったある大手会社の入社式の記事です。おやおやと思っていたら、次の日の紙面に「『頸草』は『勁草』の誤りでした」という訂正が載りました。パソコンは「けいそう」と打ち込めば「勁草」と出るのですが、それでもこんな間違いが紙面に載ってしまうことがあります。印刷物に誤植がつきものであることの例としてよく引かれるのは、イギリスで十七世紀に作られた「姦淫聖書」です。モーゼの第六戒「なんじ姦淫するなかれ」の否定詞「ノット」を落としたため、「なんじ姦淫せよ」と説く聖書になってしまいました。

これは印刷の際のミスプリントで、誤字と言うより脱字と言ったほうがより適切ですが、もともと筆者の原稿が書き誤っていたため、間違いのまま印刷されて世に出たといったケースもたくさんあります。冒頭の「頸草」もその一つでしょう。もともと最近の若い人たちは、外来語には詳しい反面、漢字を知りません。そのくせ調べないでうろ覚えのまま書くので、若い人の原稿はさながら漢字表記の誤りの見本市の様相を呈します。

「特技」という題の学生の作文から誤字を拾ってみると、

そこでへこたれてしまわない根情も、私の特技の一つであった。
人の以外性は、一番の魅力にもなりうるのである。
相方の言い分が食い違った。
物言を非常識的に考える。
アップルパイの基地を作る。
「特技」が「特意な技」なら私には特技はない。私はただの脳なし、技なしである。
テレビのクイズは大低当てることができる。
各人がうまく自分の力を発輝できるにはどうしたらいいか。
それからは献立に頭を脳ませるようになった。
私は廷々と眠り続けた。
小学生の廷長でしかないころの私にとって通学一時間半はつらかった。

など、多彩な例がありました。正解は、「根性」「意外」「双方」「物事」「生地」「得意」「能」「大抵」「発揮」「悩」「延々」「延長」です。

これらの例を分析してみると、まず多い間違いは、同じ音で意味は全く違う字を使ってしまうものです。「根情」から「脳」まではこの部類に属します。この中には、すっかりその字だと信じ込んでいる場合と、たまたまうっかりして書いてしまった場合と二通りあると考えられます。「以外」や「物言」はうっかりでしょうが、「根情」や「相方」はどちらでしょうか。

次に、やはり同音の間違いで、正しい字と字体の一部が共通しているために誤った「大低」「発輝」「脳（ませる）」のケースです。前の二つは間違える学生が多く、その後もよくお目にかかります。「脳（ませる）」では、本人は大まじめのラブレターの誤字「変しい、変しい、脳ましい」をからかった小説があったことを思い出しました。

「廷々」「廷長」は、似たような字体なので間違えたものでしょう。この種の例もよく見かけます。そのほか、読んでいてやれやれと思うのは、常用漢字以外の難しい字をわざわざ使い、それが誤っている事例が意外に多いことです。

誤字は教養の程度を疑わせます。まぎらわしい誤字の場合には、本当はAと書くつもりだったのにBと言っているものと誤認され、思いがけない誤解をされる危険性があります。

誤字も愛嬌《あいきょう》のうちで済ませられるような文章なら構わないとしても、会社の仕事の提案書や報告書、得意先への通知や広告の文章、あるいは採用試験や昇格試験の論文などの場合は、一字の誤字が致命的なマイナスになることがあり得ます。自信がなく、あやふやにしか覚えていない字を書くときは、必ず辞書を引く習慣を身に付けましょう。

手紙とeメール

手紙文は形式と内容、タイミングが大切です。eメールは迅速、簡便さが利点です。

最近は手紙の書き方を知らない若い人が増えているようです。ごく基本的なルールを簡単に紹介しておきます。

手紙の書き方で大切なことが三つあります。形式、内容、タイミングです。

公的な手紙は、

①前文＝起語（拝啓、前略、拝復、など）、時候の挨拶、安否の挨拶、先方への謝辞

②主文＝起辞（さて、実は、ところで、など）、用件

③末文＝結びの挨拶、健康を祈る言葉、伝言、返事・今後の指導の依頼、結語（敬具、草々、など）

④後付け＝日付、署名、宛名

という順序で書くことが定型とされています。

また、公的な手紙には次のような禁則があります。

◇追伸は目上への手紙や慶弔の手紙では使わない。◇相手を指す言葉は上段に、自分は下段に、上に来る場合は右寄りに小さく書く。◇目上・お礼の手紙には「前略」は使わない。◇助詞・助動詞は行頭に置かない。◇単語・熟語は二行に分けない。◇鉛筆で書かない。フォーマルな手紙はボールペンは使わない。弔辞は薄い墨で書く。◇封筒をホチキス・セロテープでとめない。

ただし、気が置けない友達に出す手紙などは、この定型を守る必要はありません。しゃっちょこばって決まり文句を並べても、心のこもらない手紙になってしまいます。しかし、個人的な手紙ではない、仕事の上で書く手紙は、ある程度は定型を守るべきです。

ことに気を付けたいのは、たとえば、「拝啓」と書き出した場合は「敬具」で終わるというように、起語と結語を使う場合は同じ種類のものを使うこと、宛名は最後、日付の後に書くことです。日本の習慣では後から出てくるものほど偉いのです。誤りのついでですが、「拝敬」や「啓具」と書かないように注意しましょう。こうしたポピュラーな言葉の誤字は目立ちます。

なお、横書きの手紙では、縦書きの手紙のようにあて名を最後に書くと、手紙の最下段に位置することになり、失礼な印象を与えます。これは、日付や先方の名を最初に書く書き方をしたほうがいいでしょう。

内容で大切なことは、相手がどう読んでくれるかを最重点に考えることです。相手が読んでくれなければ手紙を書く意味がないので、読む人の身になり、相手の気持ちになって書きます。

タイミングは、急ぐ必要のない場合は関係ないのですが、例えば、お礼のために書く手紙は、お礼を必要とする事情が生じたら、直ちに出さなければいけません。一週間も十日もたって相手がそのことを忘れたころになって手紙を書いても、効果は半減します。手紙がすぐ書けるためにははがきや便箋、切手、筆記用具などを机の周辺に備えておくことです。手紙をまめに書く習慣は社会人にとって非常に大切です。

ところで、パソコンの普及で仕事の上の連絡だけでなく、個人的な手紙もｅメールで済ませる人が増えています。

eメールの利点は、まず、迅速性です。相手がメールを開いてくれるかぎり、こちらの意思が即時に通じます。次に簡便性です。はがきも便箋も不要で、文章をパソコンに入力し、クリックするだけで送れます。遊びの機能もじゅうぶんです。手紙の場合、便箋や封筒に凝る人がいますが、eメールも、文字の大きさやスタイル、色彩を変える、顔文字（フェースマーク）で文章に含みを持たせる、画面の背景デザインをしゃれたものにする、好みのメロディを流す、年賀や誕生日祝い、結婚祝いなどに人形や動物の動画を入れる、といった具合にさまざまなメールが作れます。容量も、添付ファイルを使えば、どんなに長文でも流せます。デジタルカメラで撮った写真ももちろん送れます。

一方、利点の裏返しとして、気を付けたいことがいくつかあります。

一つは、パソコン入力の手紙について言われることと同様に、本来は直接対面が必要とされるようなお願いやお礼の手紙、冠婚葬祭の挨拶状や招待状など、公式的な手紙にはふさわしくなく、そうした用件には使うべきではないということです。よほど親密な間柄なら別ですが、迅速性、簡便性ということは言い換えれば、手軽に使えるということであり、相手に、自分が軽く見られたという印象を与えてしまいます。

反面、それほど重要ではない来信への返事など、わざわざ手紙やはがきを書くほどではないが、一筆書いてもいい気がするといった場合に、eメールは極めて便利です。

そうした場合を含めて、eメールの基本的な書き方を挙げると、まず、正式な手紙文で必要とされる「拝啓」「敬具」といった起語、結語や、形式張った季節の挨拶は要らないということです。eメールを受け取る相手は、本来時候の挨拶を期待しているわけではないので、そうしたeメールの本題とは関係のない事柄をくどくど述べられると、かえってうんざりしてしまいます。ただ、いきなり用件に入るのもぶっきらぼう過ぎます。eメール文の書き出しには、(1)先方の名前（および自分の名前）、(2)「こんにちは」「ご無沙汰しています」「いつもお世話になります」といったごく簡単な挨拶を入れておくといいでしょう。

その後本文に入りますが、eメールの文章は「簡潔」が基本です。もちろん友だち同士の長電話代わりのeメールのような場合は、ながながとしたおしゃべり文章で構いません。しかし通常は、できるだけ不要な言葉を省き、簡潔にします。この際ちょっとした心遣いとして覚えておきたいのは、なるべくひんぱんに改行し、改行の際は一行空けることです、eメールは手書きと違って同じ大きさの文字が並ぶので、改行しないで続けると、画面が真っ黒になって読みにくいからです。

相手から来たメールに返信する場合、相手の元の文章がそのまま表示されて、こちらの返信に「オリジナルメッセージ」として組み込まれる機能があります。毎日多くのメールを送受信する人にとっては、先方からの返信が自分のどのメールに対するものであるかがはっきり分かって、便利な機能です。反面、場合によっては、おまえはこんなことを書いたのだぞと証文を突きつけられるような感じに受け取られることもあります。全文をそのまま送り返すのではなく、自分の返信に必要な部分だけを残して引用し、他の部分は削除してしまうほうがいいでしょう。

用件を書き終われば、結びですが、eメールでは冒頭に置かない時候関連の挨拶をここで簡単に書き込んでも構いません。「季節の変わり目です。お身体大切に」「風邪がはやっているようです。ご自愛ください」といった具合です。さらに結びには「よろしくお願いします」「お知らせまで」といった言葉を入れておくと万全です。

もう一つ活用したいのは「返信不要」というお断りです。eメールの利点は迅速、簡便です。ですから、だれかからメールが入った場合、返事はなるべく早く出したほうがいいのです。eメールソフトに返信機能が付いているのもそのためです。返事が来ないと、発信者は、自分が出したeメールはほんとうに届いているのか、届いていないのではないかと不安な気持ちに陥ってしまいます。しかし、出したメールに即刻返信が届き、それに対して返信し、さらにまたその返信が着くといった、言わば堂々巡りの事態になっても、わずらわしいものです。相手からの返信を期待する必要のない場合は、最初からeメールの最後に「返信不要」と断わっておくという手があります。そう書けば、相手も安心してくれ、返信はほんとうに必要な場合に送られてくるだけとなります。

このほか、eメールにはサブジェクト（件名）が付きます。先方に最初に示される重要な情報です。発信者名、発信日時とともに受信リストに表示されます。この件名は長過ぎるとスペースをはみ出すので、十字か十五字くらい、長くても二十字くらいに収めるほうがいいでしょう。「帰国しました」「イベントのお知らせ」といったふうに、メールの内容を端的に示す件名にしましょう。必要な場合は、自分の名前や相手の名前を入れます。しゃれたつもりでサブジェクトを英語や意味不明の言葉にすると、ウイルスメールと誤解され警戒されて、相手に開けてもらえない恐れがあります。

送信前の注意としては、必ず本文も添付ファイルも読み直して、誤字脱字や事実の誤認や相手を傷つけるような表現がないかどうかを、きちんとチェックすることです。ことに微妙な関係にある相手に送るｅメールは、文章作成後すぐ送信しないで、できれば一晩くらい時間を置いて、読み直すことを勧めます。ちょっとした表現が感情的な行き違いにつながることもあります。作成時見過ごした誤字脱字も時間を置いて読み直せば気が付きます。ポストに投函してからも、郵便局に頼み込めば、相手局に発送される前なら取り返せる郵送文書やはがきとは違って、ｅメールは送信のボタンをクリックすれば、相手に直行してしまい、ストップをかけることはできません。両刃の剣とならないよう送信前にじゅうぶん注意したいものです。もちろん、間違えて別の人に送ってしまわないよう、送信先アドレスにも気を付けましょう。

以上は送信上の注意ですが、受信する側の注意も大切です。ことにｅメールを始めたばかりの人によくあることですが、どうせ何も来ないと受信をチェックせず、送られてきたｅメールが読まれないままだと、返事が来ないからもうあの人にｅメールを送るのはやめようということになってしまいます。受信トレイは最低でも毎日一度は開けて、新しいｅメールが来ていないかどうかチェックする習慣をつけましょう。

第四章

表現を磨く

冷静な目で推敲する

できれば時間を置いて読み直し、不十分、不適切なところに手を入れましょう。

文章を書いたときは、書き上げたあと必ず読み直してください。いろはカルタに「瑠璃《るり》も玉も磨けば光る」というのがありました。山から掘り出したばかりの原石は、形は不細工で、輝きもありません。磨かなければ光りません。

私たちの書く文章も書き上げたばかりでは欠点が山ほどあって、磨く作業、つまり、読み直して不適切なところを書き直したり、より効果的な言葉に書き換えたりする作業が必要です。この、磨き上げ・練り直し作業を「推敲《すいこう》」と言います。英語ではポリッシュあるいはインプルーブです。

昔、唐の賈島《かとう》という詩人が「鳥は宿る池辺の樹、僧は推す月下の門」という詩句を思い付いたあと、「推す」では力がない、「敲《たた》く」のほうがよさそうだ、いや、「敲く」では寝ている鳥を驚かせる、どちらがいいかと思い悩んでいるうち、偉い役人の行列にぶつかって、無礼者と取り押さえられてしまいました。ところがその役人がたまたま大詩人の韓愈《かんゆ》で、事情を聞いて「それは『敲く』がいい」と判定を下したという故事から出た言葉です。

推敲が十分でないと、失敗することがあります。以下は歳末のある日、ある新聞の一面に載ったコラムの文章です。

「もういくつ寝るとお正月」と子どもは歌い、おとなもこう年が押し詰まってくると「今年もあと何日」と数える。季語でいう「数へ日」である。▼月日のたつのは速い。「光陰矢の如《ごと》し」が実感である。（中略）年をとると時間の流れが速い、といわれる。一年の長さを、年齢の逆数で試算した人がいる▼すなわち、一歳の赤ちゃんを一分の一、つまり一とすると、三十歳の人は三十分の一、六十歳の人は六十分の一の速さで一年が過ぎ去るというのである。さて、この試算はどこまで共感されるであろうか。（後略）

「三十歳の人は三十分の一、六十歳の人は六十分の一の速さで一年が過ぎ去る」とすると、時間がゆっくりと経過するわけですから、三十歳の人の一年は、赤ちゃんの一年の三十倍、つまり三十年の長さになり、六十歳の人の一年は六十年になってしまいます。「年をとると時間の流れが速い」という個所とは全く正反対の意味になります。一般的な実感とも違います。ここは「三十倍、六十倍の速さで一年が過ぎ去る」と書くか、逆数にこだわるなら「一年が三十分の一、六十分の一の短さになる」としなければ、論旨が通りません。うっかりすると格別引っかかることもなく、読み流してしまいかねませんが、こうした筆者の錯覚、思い違いを正し、誤りがもたらす誤解を避けるためにも、原稿を完成させる前の手順として、推敲は必要不可欠です。

推敲をするのは、書き上げた直後でいいのですが、勧めたいのは、翌日か、その次の日、あるいは数日置いてから読み返してみることです。頭が冷えて、書いた時点では気付かなかった表現の足りない点や言い過ぎたこと、文章のきずや欠点が見えてくるからです。このコラムの筆者も、もし時間の余裕があれば、誤りに気付いて直せたかもしれません。しかし、新聞のコラムはその性質上、執筆から紙面になるまでに数時間の余裕しかないのがつらいところです。

文章を書く作業は、全力投球を要求します。ある主題を一定の語数で文章にまとめ上げるためには一種の熱気が必要です。髪を振り乱しゴール目指して走る孤独なランナーに似ています。熱気のおかげで、普通なら考えも付かない新鮮な視点や斬新《ざんしん》な表現がひらめくことがあります。反面、熱気に浮かされて、重大な欠落や誤りに気付かないこともしばしばです。文章を完成させるためには、時間をおいた冷静な目で読み返すことを欠かさないようにしたいものです。

難解な表現は避ける

難解な文章を書く人は偉いと思うのは間違いです。

推敲に当たって、どんな点に気を付けたらいいでしょうか。まず第一に、読んだ人が理解に苦しむような難解な表現を避けることです。

ただ、その前提として言っておきたいのは、難しい文章をすべて排除することはできないし、また、排除すべきではないということです。深く難しい内容は難しい言葉でなければ表現し切れないことがあります。哲学者の渡辺二郎氏のニヒリズムについての文章の一節を引いてみます。

主体として生きる人間は、その存在において、世界の中にあるおのれの存在の根源的意味を問う存在者であり、その存在には無意味がつき纏《まと》っている。人間は、その存在において、存在の根源的な意味と無意味に貫き通された存在者である。そして、この、おのれの存在の根源的な意味と無意味の問題現象が、ニヒリズムという問題現象にほかならない。

（『ニヒリズム』）

人間存在の根源に、鋭く迫る姿勢は、読者に訴えかけてくるものがあります。

人間の精神活動にとって、言葉は一種の食べ物です。太古、原始人は自分の歯で生肉や骨や木の実をばりばりとかみ砕いていました。文明が進んで、火を通し、二重にも三重にも調理の手を加えた軟らかい食べ物しか口にしなくなった今、人間のあごや歯は退化し、顔つきが細面のやさ姿に変わった反面、口も胃腸も、野生の硬い食べ物を受け付けることができなくなりました。

同様に、やさしい、分かりやすい文章だけしか目にしない日々を続けると、頭脳は、難解ではあっても、高度な内容を蔵している文章を理解することができなくなります。精神生活をより深めるためには、難解な文章、難解な表現は、欠かすことのできない基本食品だと言えます。

しかし、だからといって、難しくする必要の全くない文章を、あたかも深遠な内容であるかのように見せかけるために、故意に難しい漢語や文語を使って難解にすることはやめてください。

新聞広告に、こんな例がありました。障害者雇用特集の文章です。

何らかのハンディキャップを持った人にとって、現在の交通事情は特に都心への通勤に非常な困難を伴うのが現状であり、障害者の健康維持や勤続への大きなネックとなっている。

◇

実際にここで仕事をするにあたっては、自動開閉ドア、ハンドルで上下の調節が楽にできる机、開くにつれてトビラが左右の側面にしまわれていく収納什器の設置など、車椅子利用による不都合をできるだけ排除できるオフィスを構築した。

◇

職住接近、また障害者の勤務を考慮した環境を作れるサテライト・オフィスの設置は、ハンディキャップを持った人にとって、かなり有望な就労状況を提供できるだろう。

言葉は難解極まりないというほどではありません。しかし、直訳調のもったいぶった言い回しは、慣れない人には難解で、慣れた人には鼻につきます。「現在の交通事情……」は、どうして

都心に通勤することは非常に困難であり、障害者の健康を害し、勤めを続けることを難しくさせている。

といったふうに、かみ砕いて書けないのでしょうか。同様に、「車椅子利用による……」は、

車椅子利用者でも不自由なく働けるよう配慮した。

で構いませんし、「かなり有望な……」は、

働く機会を増やしてくれるだろう。

で差し支えありません。

ちょっと古いのが難ですが、興味深い例文を紹介しておきましょう。

文書ノ記述ハ為シ得ル限リ簡易平明ナルヲ要ス電文ニ於テ特ニ然リトス而シテ其ノ長キモノハ適宜条ヲ分チ数字等ヲ附シテ列記シ又一事件ニ関係スルモノハ一条中ニ記載スルヲ可トス其ノ他字体ヲ明瞭ニシ光明不十分ナル場合ニ於テモ通読シ得ベカラシメ又読誤リ易キ文字ハ特ニ之ヲ明瞭ニ記載スルコト緊要ナリ電文冗長ナルカ或ハ難解ノ語句ヲ使用スルトキハ遅延又ハ不通ノ素因ヲ為スモノナルヲ銘心スルヲ要ス

旧陸軍の『作戦要務令』（作戦行動の指針を定めた規定）の中の「文書記述ノ要則」の一節です。難解な語句は電文遅延、不通の原因になると注意しているところはまことにもっともです。ただ、高等小学校卒が大部分の当時の兵士のどれだけがすらすらと読み理解できたか、疑問です。

夏目漱石の『吾輩は猫である』には、難しくて意味の分からない手紙にすっかり感心している苦沙弥先生を、主人は何によらず分からぬものをありがたがるのが癖だ、分かったことを分からぬように講釈するのが学者で、大学の講義でも分からん事をしゃべる人が評判がいいと、猫が皮肉るくだりがありました。日本で難解な表現が幅を利かせてきたのは、教育が普及せず、難しい言葉を使うことが一部の人たちのステータスシンボルだった時代の名残です。そうした時代のしっぽを切り離し、だれにでも分かる表現を心掛けたいものです。

「〜的」「〜化」「〜において」

漢語ふう、文語ふうの言い回しは要注意です。

漢語ふう、文語ふうの言い回しで感心しないのは、何にでも「的」を付けて、形容詞、副詞に仕立て上げることです。実際問題として、「的」という接尾語は便利です。大抵の言葉に付きます。しかし、便利すぎて、気を付けないと使いすぎ、度を越すと意味不明の文章になります。

> 本質的には子供はそれ自体自己中心的であり、攻撃性をかくしはしない。この天衣無縫の成長への力こそよい意味の子供の本質である。その点では無敵さをもっており、古来泣く子と地頭には勝てないといわれたように、何物をも打負かす、しかも物理的な力ではなく、微笑や機智などのトリックスター的な時空的枠を超越した、また無時間的な何物にも勝つ永遠の強さをもつものである。

若者像を論じた一節です。もっともらしい文章ですが、「トリックスター的」とは何のことでしょうか、「時空的」は「時空の」と言えば済むことではありませんか、「無時間的な何物」とは何を想定しているのでしょうか。無内容な中身を飾るための接尾語という印象が否めません。

似た感じの漢語接尾語は「化」です。旅行社のアンケートにこんなくだりがありました。

皆様の夢と希望を実現化いたすよう、真摯《しんし》に取り組むつもりですので、皆様の率直なお声をご記入の上、ご返送下さいますようお願い申し上げます。

「化」と付ければ折り目正しい漢語になると錯覚しているのかもしれません。

「〜において」も文語調で気になる言い方です。ＰＴＡの会報に次のような例がよくあります。

九月八日の午後、〇〇中学校のプールに於いて、区中水泳大会がありました。

◇

十月八日、〇〇競技場において行われた××区立小中連合陸上競技大会は、白熱した競技と力いっぱいの応援で寒さもふき飛ばす勢いでした。

わが家の郵便受けに投げ込まれたお弁当屋さんのちらしにもありました。

当日即ＯＫ！　御予約大歓迎　当店に置いては、消費税は頂きません。

「おいて」は本来は「於いて」であり、「置いて」はご愛嬌《あいきょう》です。場所を表すだけなら、「おいて」でなく、「プールで」「〇〇競技場で」「当店では」と単純明快な「で」を使いましょう。

生硬な言い回し

生硬、未熟を避けるには、書きたいことをはっきりと把握し、理解し、簡潔に書くことです。

難解な表現の次に推敲《すいこう》で気を付けたいのは、生硬・稚拙な言い回しをしないことです。生硬とは、未熟で十分に練れていないこと、稚拙とは経験が少なく未完成な点が目につくことを言います。どちらも読んでいる人に不要な違和感を与えます。

旅行社のＰＲ誌に目を通していて、ある添乗員の旅行案内の文章に数行ごとに引っかかりました。格別難しい言葉を使っているわけではなく、内容も平易なのですが、どこか「違う」と言いたくなる言い回しが続くのです。

月から見ることができる地球上唯一の建造物、その他この長城に関する賞賛の言葉は尽きることがありません。最大にして、最長の長城は東端の山海関から西端の嘉峪関まで６０００キロに及びます。長城を結ぶ６０００キロの中に主要となる関所が３ケ所点在します。西端に位置する嘉峪関は果てしなく続く西域への、ロマン溢れるシルクロードの出発点とも申せましょう。明代に再建された強固な楼閣は今も昔も変わらぬ雄姿を感じさせます。山海関は１３８１年建造されたもので、東門の楼上には「天下第一関」の額が施され、その名を欲しいままにしております。この名称は周囲の地形からそれぞれ山、海を取って名付けられたもので、その眺めは壮観なものです。

「月から見ることができる地球上唯一の建造物」という形容は「賞賛」でしょうか。「最大にして、最長の」という修飾語は、どんな点がそうなのか、限定する言葉が必要です。長城は端から端まで一応つながっているわけですから「長城を結ぶ」は変です。「主要となる関所」もおかしく、「主要な関所」あるいは「要となる関所」でしょう。「西域への」は「出発点」にかかるのでしょうが、「シルクロード」にかかるとも読めてあいまいです。「とも申せましょう」はなぜ遠回し表現なのでしょうか。「出発点です」と断定して構いません。「雄姿」は「感じ」るものでしょうか。見せたり示したりするものではないでしょうか。「額が施され」は変です。「施す」に「彩色を施す」「設備を施す」といった使い方はありますが、「額」には使いません。「掲げる」「懸ける」でしょう。「欲しいまま」も勝手気ままに振る舞うことですから、ピンぼけの形容です。「壮観なものです」の「なもの」は余計で、「壮観です」でじゅうぶんです。

学生の作文にも、生硬・稚拙の例を多く見かけます。

太陽熱や廃棄物などの新エネルギー開発は、実際商品にする過程で何度という実験などでお金がかかる。しかもその商品が実際使えたらいいものの使えなかったら大損なので、お金を持っている国でないと取り組めないだろう。

まるで井戸端会議の議事録のような印象です。こう直したらどうでしょう。

> 太陽熱や廃棄物などを利用する新エネルギー開発は、実用化の過程で実験費をはじめ多額の資金が必要だ。しかも実用化に失敗すれば膨大な損失となる。したがって、財政が豊かな国でないと、開発に取り組むことは難しい。

次は、「君が代・日の丸」について論じた学生の作文です。

> すでに近代国家というフレームは古いものであるが、それに代わる受け皿がない以上は簡単には否定できないだろう。特に日本の日の丸や君が代は歴史的に見ても肯定しがたい過去を引きずってはいるが、それらが存在しているという事実も、そう簡単には否定できない要素があると保守的ではあるが言わざるを得ないというのが私の意見である。

論旨が右に行ったり左に行ったりで、一体どう考えているんだ、はっきりしろと言いたくなるような回りくどさです。その原因は否定的な判断と肯定的な判断が整理されずに出たり引っ込んだりしていることにあります。その辺を整理して、書き直すと、

> すでに近代国家というフレームは古い。日の丸や君が代は歴史的に肯定しがたい過去を

引きずっている。これらを肯定することは保守的だ。しかし、国家に代わる受け皿はなく、簡単に否定はできない。日の丸や君が代が存在しているという事実も、否定できない要素がある。

これで、ずっと分かりやすくなりました。

こうした生硬・稚拙な文章は、どうすれば避けることができるでしょうか。

それはまず、自分が何を書きたいのかをはっきりと把握することです。何を言いたいのか自分でも分からないまま書き出した文章が、他人に分かるはずはありません。

次に、書く内容を自分できちんと理解していることです。中途半端な理解では、他人への説明はどうしても回りくどくなったり、ピンぼけしたものになります。

第三にできるだけ簡潔に書く訓練をすることです。格別長文の説明を必要としない単純な内容について、ああでもないこうでもないと余計な説明を加えると、かえって分かりにくくなります。

第四に、これが実は一番大切なことですが、達意の文章、自分が学びたい文章を繰り返して読み、書き写し、そのリズムを自分のものにすることです。稚拙、生硬な文章を書く人は、いつ文章を書かせても同じように稚拙、生硬であることが多いのです。そうした文章のパターンが、頭に焼き付いているからでしょう。その焼き付きをはがし取り、代わりに自分が学びたい文章のリズムを体に覚え込ませることです。

生硬・稚拙な文章には、それなりにその人らしさをうかがわせるという効用がないわけではありません。アメリカで働きながら絵を描いている女性の文章が、タウン紙に載っていました。

猫の絵を描いた。ただ筆の向くまま、心の思うままという解放感の中で、何の気負いもなく描くという行為、それだけに没頭するということから遠ざかっていた私にとって、それは苦痛に近いことでもあった。その苦痛は当然、私の猫に影響し、生気のない、うわべだけの可愛らしさを身につけた猫の誕生となった。

いかにも回りくどく、生硬です。前半に「筆の向くまま」「心の思うまま」「解放感」「気負いもなく」「没頭する」といった似通った感じの言葉が、整理されずに並べられているからでしょう。後半もいささかぎごちない感じです。分かりやすい文章になるよう手を加えてみると、

猫の絵を描いた。筆の向くまま、心の思うまま、何の気負いもなく描くということをしばらくしていなかったので、それは苦しい作業だった。描かれる猫もその苦痛を感じたのか、画面に生まれたのは、生気のない、うわべだけの可愛らしさしかない猫だった。

ただ、これだけ分かりやすくすると、未熟ながら個性的だった原文の感じは消えてしまいます。個性を取るか、分かりやすさを取るか、文章を書くことの難しいところです。

ひとりよがり

自分は分かっていても読む人には分からないことがあります。専門用語は十分に説明してください。

ひとりよがりの文章にも気を付けましょう。自分だけは分かっているが、それが読む人にどう伝わるかについては全く気にしていない文章、あたかも読む人に分からせないことを狙っているような文章は、実際、読んでいて困ってしまいます。

よく引かれる例は、テレビやビデオ、オーディオ機器、カメラ、ファックス、コピー機、プリンター、パソコンなどのマニュアルです。今は少しは改善されたようですが、専門用語ずくめで素人はお手上げということがしばしばでした。例文は、あるパソコン関係機器の説明書からです。

> このキャラクタはエディタのためのバックスペースキー（ＢＳ）とエコーされたキャラクタのバック移動のためにあります。Ｓ５に表示可能なアスキー値33～126を設定することはできません。このキャラクタはモデムで処理されると〈ＢＳ〉〈ＳＰ〉〈ＢＳ〉をＤＴＥへ返します。そしてモデムのラインバッファのキャラクタを消去します。初期値はｎ＝８です。

正直言ってさっぱり分かりませんでした。むろん、こうした専門用語だらけの文章は、慣れれば、なまじな言い換え語を使うよりは、はるかに理解しやすく、短時間に的確に意思を通じさせるに違いありません。問題は利用者に否応なしにその専門用語を押しつけてくることです。

マニュアルのように、読む人に分からせてこそ意味のある文章は、相手に理解させることを何よりもまず念頭に置きたいと思います。読ませる相手が初心者や部外者である場合には、注釈やイラストなどでやさしくときほぐすことを考えてほしいと思います。初心者、部外者でなくても、自分がまだ知らない用語がいきなり使われていると、文章は理解できなくなります。用語の説明は不必要に思えるほどじゅうぶんにしてもらいたいものです。ことに専門家であり、その部門に精通している技術者がマニュアルを作る場合は、とりわけその技術に通じていない人、無知な人を選んで原稿を読んでもらうといいと思います。その上でそうした人にも十分理解できるように練り直すことです。他人に理解させるための手間を惜しむことは、すなわちひとりよがりの文章の温床となります。

役人の文章も、ひとりよがり度が高いことがしばしばです。以前のことですが、規制緩和推進のために設けられた経済改革研究会に官僚が提出した報告書素案に「明確に自然独占性を有する産業」「国民生活に必要不可欠な商品・サービス」などが、対象産業として挙げられていました。研究会メンバーには何のことか分からず、説明を求めてやっと前者は「電力・ガス業界」、後者は「石油関連、食品」を指すことが分かったというエピソードがありました。国民が理解できない言葉を使うことに使命感を持つ役人は、公僕と呼ばれるのに値するとは思えません。

ある大学教授が新聞に、六〇年代初めモスクワで「ミチューリンのリンゴ」を探した話を書いていました。ミチューリンとは耐寒性果樹の育成で有名だった、旧ソ連の果樹園芸家です。

> 六〇年代初め、ぼくはモスクワで「ミチューリンのリンゴ」を探した。「ミチューリン農法」の「奇跡」にかんする児童向け読み物を書くつもりであった。研究所で見せられたいくつかの実は、ロシア人の家庭や市場、街頭で見かけるリンゴより見劣りする。中央アジア各地からやってくる大きいリンゴの美味も忘れがたい。ロシア人たちは口をそろえて、ロシア特産の「アントーノフカ」リンゴを推奨する。ロシアにおける品種改良の歴史は古い。好ましくない気候風土の地域にリンゴを育てる実験のひとつが、「ミチューリンのリンゴ」であった。

読んでいて、何を言いたいのか分かりませんでした。「研究所で見せられた」「見劣りする」実というのは、「ミチューリンのリンゴ」なのでしょうが、その次になぜ中央アジア各地のリンゴや「アントーノフカ」が出てくるのでしょうか。

ミチューリンの努力で研究所のリンゴが品種改良されて、おいしくなったと書きたいのなら、「見劣りする」の次に、「しかし、このリンゴが、美味忘れがたい中央アジアの大きいリンゴ、ロシア人たちが口をそろえて推奨する『アントーノフカ』リンゴに改良されたのだ」といった解説を加える必要があります。これも「ぼく」だけが分かっている文章です。

不適切な表現に気を付けよう

安易に妥協せず、より適切な表現がみつかるまで、考え抜きましょう。

間違いだとまでは言えませんが、気になる、困った表現にぶつかることがあります。推敲《すいこう》、とりわけ多数の目による推敲がきちんと行われていれば、日の目を見ないで済んだに違いない不適切表現です。

Ｆ１の名選手がレース中事故死した事件で、こんな記事が新聞に載りました。

> スピンした車体が止まった直後、運転席から動こうとしないかれの首が、かすかに動いたように見えた。しかし、レスキュー隊によって運転席から引きずり出された後の体は全く動かなかった。

確かに死者の体は引きずり出されたのかもしれません。しかし、この言葉が普通使われるのは、言うことを聞かないもの、あるいは、どうなってもいいような相手に対してであり、サーキットで思わぬ死をとげた名レーサーの遺体に対して果たして使われるべき言葉でしょうか。「助け出された」「運び出された」、あるいはせいぜい「引き出された」くらいにとどめるべきです。

こんな不適切語もあります。新聞のコラムの一節です。

親しい学界の人が定年で引退すると、財産が目減りしたような思いに駆られる。その後の消息を死亡記事で知ることもあって、社会面はいつしか「亡者」から読むようになってしまった。

「亡者」とは何でしょう。文脈からすると、死亡記事を指すようです。社会面の下のほうに置かれる黒い傍線付きの記事です。筆者は、「亡者」を単に死者の意味に解釈しているようです。辞書を引いてみます。「①死者。とくに死んで、成仏できず迷っている者。②あることに異常な執着を持っている人を比ゆ的にいう。『我利我利—』」とあります。この「とくに」以下の意味を知っている人なら、この文章のような使い方はできないはずです。

地域で老人や若者、身体の不自由な人たちの踊りの指導に当たっている女性を紹介した新聞の記事に、こんな一節がありました。

「地元のみなさんに喜んでいただけるのがうれしくて」とにこやかだ。苦しい時代をしたたかに生き抜いた顔は柔和。しかし背筋をすっと伸ばして崩すことのない姿勢に、りんとした強さがあふれていた。

「したたか」というのは、古語では、しっかりしている、おびただしい、はなはだしい、強いといった意味でした。それが転じて、一筋なわではいかない、思うようにならないといった意味で使われるようになりました。わざわざ「多くは悪い場合に言う」と注釈している辞書もあります。間違いではないとしても、誤解を招かないように「しっかりと」「強く」などと言い換えたほうがいいでしょう。

西田幾多郎や和辻哲郎、溥傑、鈴木貫太郎ら、戦前活躍した著名人の書簡など約千二百通が見つかったという記事が、ある新聞に載っていました。戦前派には懐かしい名前で、興味をそそられる記事でしたが、その見出しが気になりました。いわく、

> 未発表書簡ゾロゾロ

「ぞろぞろ」は「多数続いていくさま」という意味ですが、「そんなにたくさんそろえる必要はないのにと批評する気持ちを表す」と説明している辞書もあります。大見出しで「ゾロゾロ」と表現されると、毛虫が春の陽気に誘われてぞろぞろはい出したといった感じになります。「戦前の思想史に新たな光」（記事より）を当てる書簡の発見を修飾する言葉としてふさわしいとは思えません。

> 東海、東南海、南海の三巨大地震が同時発生した場合の中央防災会議の被害想定はかなり具体的だ。死者は就寝中の人が多い午前五時の発生だと、最大二万四千七百人。建物被

害も甚大で、最大九十四万二百棟が全壊。経済的な被害は、直接損害に、生産停止や交通機関マヒなどによる間接的な金額も合わせると八十一兆円に上ると想定されている。中央防災会議は東南海、南海地震に備えるための防災対策推進地域に、二十一都府県四百九十七市町村を指定する案も併せ発表した。被害想定も防災対策推進地域の指定も、国民に訴え注意を喚起するための措置だ。一人ひとりがその気になって、自分のこととして受けとめなければ、絵に描いたもちだ。

巨大地震を警告する新聞の社説（一部省略）です。「絵に描いたもち」というのは、何の役にも立たないことのたとえですから、国民がその気にならなければ、防災会議がどんな想定や指定を発表しても、意味がないと強調する論旨はよく分かります。ただ、ちょっと引っかかるものがありました。「画餅、飢えを充たさず」ということわざもあるように、絵に描いたもちは、もともと実体がないものです。いくらその気になって食べようとしても食べることはできません。しかし、防災会議の想定や指定は、それ自身では大きい意味のあるものです。適切に利用すれば、防災に大いに役立つでしょう。役に立たせない責任は、利用者＝国民の側にあります。絵に描いたもちだとするのは、きちんとした内容を持つ想定や指定に失礼ではないでしょうか。

この場合は「宝の持ち腐れ」という言葉がよりふさわしいと思えます。「宝」は本当に貴重なものです。活用の仕方では、二倍にも三倍にもなります。防災会議の苦心の想定や指定も、言ってみれば宝です。国民が持ち腐れにすることのないようにしたいものです。

あいまい「ウイルス」

あいまいな文章を書いていると、結局は「何を言っているのか分からない」と無視されます。

特別に難解というわけではありませんが、読んでいて意味がよく分からない、あるいは意味が一つだけでなく二つにも三つにも取れるような文章が、ときどきあります。読む人は、その都度立ち止って、考え込まなければなりません。クイズやパズルのように知りたい意欲を刺激する利点があるのなら結構ですが、みんな忙しい現代では、ある程度考えて分からなければ、その文章をほうりだし、無視することになります。教祖の託宣や天気予報、象徴派詩人の高踏詩にとって、あいまいさは不可欠の味わいだとしても、自分の考えを正しく他人に理解させたいと思っている人にとっては、全力を尽くして排除しなければならない病原体にほかなりません。

次は新聞の国際記事です。傍線部の意味が、何度読んでもの み込めませんでした。

> エジプト政府は、新年度から、学校での女子児童・生徒のベール着用を許可制とし、半ば強制的に行われている風潮を改める通達を撤回した。この通達は、教育の現場からイスラム過激派を排除する狙いとされていたが、一般の人々や宗教界からイスラムの教えに反するとの強い批判がでていた。
>
> 二日付けのエジプト各紙が伝えるところによると、同国のバハエディン文相は一日、学

校でのベール着用は生徒の自由意思に基づくとして、保護者もその意思にはさからえない、との見解を示した。

一体エジプト政府は何をしたのでしょう。ベール着用を許可制としたのでしょうか。しないのでしょうか。「許可制とし、通達を撤回した」なら前者ですし、「許可制とする通達を撤回した」のなら後者です。この記事はそのどちらとも読めます。通達の内容は一体どんなものなのでしょうか。ベール着用を許可制とすることなら、だれが許可するのでしょうか。「半ば強制的に行われている」というのは、ベール着用のことでしょうか、だれが強制するのでしょうか。肝心なところがあいまい至極で、まさにベールに覆われている文章でした。

他紙の記事や続報を読んで、どうやら、過激派（原理主義派）の教師による女子小中学生へのベール着用強制に対し政府が出した「ベール着用には親の許可が必要」という行政命令が反発を受け、「親の許可が必要なのは女子小学生だけ」と譲歩したものらしいと分かりました。

文章があいまいになるのは、意図的な場合を除くと、通常は書く人の書く内容についての知識不足が大きい原因です。肝心な点を知らなければ、記述はおのずからあいまいになります。しかし、この記事の筆者は現地事情に詳しい特派員です。知識不足とは思えません。知らなければ知らないなり、知っていれば知っているなりに、文章に入り込んでくるのが、あいまい「ウイルス」です。

チェンバロ、オルガンを専門とする音楽家がこんな文章を書いていました。

イタリアのローマ・カトリック教会にある十二、三世紀のオルガンを尋ね回っています。後代に修復されて音が変わっていない、オリジナルなオルガンで、イタリアにはたくさん残っているのです。

傍線で示した「後代に修復されて音が変わっていない」オルガンは、「後代に修復されて」いるのか、あるいは「後代に修復されて」いないのか、はっきりしません。言葉の上だけで解釈するなら、前者でしょう。しかし、常識的に考えれば、後者です。筆者はおそらく「後代に修復されて音が変わって」を一塊の言葉として書いたあと「いない」で否定したつもりなのでしょう。しかし、読む側は必ずしも筆者の意図通りに読むとは限りません。「後代に修復されて」その上で「音が変わっていない」と読まれても文句は言えません。

否定の助動詞の「ない」は、このように使い方によっては、二通りにも三通りにも読まれ、誤解される可能性を持っています。ことに危ないのは、「○○のように××ない」という言い方です。

ビクトリアは、彼女の母親であるエリザベスのように心優しい女性ではなかった。

という文章で、「彼女の母親であるエリザベス」は、心優しいのでしょうか。心優しくはない

のでしょうか。そこには二通りの解釈が成り立ちます。心優しいのなら、

ビクトリアは、彼女の母親であるエリザベスとは違って、心優しい女性ではなかった。

◇

ビクトリアは、彼女の母親であるエリザベスが心優しい女性であるようには、心優しくなかった。

といった書き方をすべきであり、心優しくないのなら、

ビクトリアは、彼女の母親であるエリザベスと同様に、心優しい女性ではなかった。

◇

ビクトリアは、彼女の母親であるエリザベスが心優しくないように、心優しい女性ではなかった。

と書くべきです。文章は少しもたつきますが、正確さ、明確さには代えられません。

文章をあいまいにする「ウイルス」はほかにもあります。たとえば、「それ」「あの」「そのような」などの指示代名詞、指示形容詞です。

陸上競技の新ルールを取り上げた新聞の解説記事がありました。

フライングによる失格のルールは今年一月に新しくなったばかり。これまでは同じ選手が二度犯した場合に失格だったが、新ルールではだれかが一回犯すと、二度目以降はほかのだれが犯しても、その選手は失格になる。

さて、「その選手」はどの選手でしょう。一回目に犯した「だれか」でしょうか。二度目以降に犯した「ほかのだれ」でしょうか。この文章で見る限りでは、どちらも「その選手」だと言えそうです。この記事は、実は後段に「スタートの苦手な選手が意図的に一度目のフライングを犯し、全員を慎重にさせる、という〝ルールの悪用〟を危惧《きぐ》する声もある」というくだりもあるので、「ほかのだれ」が正解だったようですが、その場合は「だれが犯しても」の次の読点は打たないほうがよかったと思いますし、何よりも「その」を使わず、「二度目以降に犯した選手」「新しく犯した選手」としたほうが誤解を防ぐことができます。

「あれ」「その」「こんな」といった言葉を使えば、一度使った言葉をまた繰り返さなくて済みます。極めて便利ではありますが、使った本人には分かっていても、言われた相手にはさっぱりのみ込めないことがあります。適切に使うことは差し支えありませんが、「意味不明代名詞」「意味不明形容詞」にしないように気を付けましょう。

紋切り型はやめよう

あり合わせの言葉を使わず、自分らしい言葉を探しましょう。

紋切り型とは、決まり切った表現、形式通りで新味・誠意が感じられない書き方のことです。何代か前の首相の所信表明演説から各項目の締めくくりの表現をいくつか抜き出してみました。

> 責任の重さを自覚し、力の及ぶ限り、誠心誠意、職務に取り組んでまいります。
> 力を注いでいく決意であります。
> 引き続き取り組んでまいります。
> 可能な限りの対策を講じてまいります。
> 見直しを鋭意進めてまいります。
> 実現を目指してまいります。
> 総合的かつ具体的な対策を早急に検討、実施してまいります。
> 最善を尽くしてまいります。

見事な紋切り型の勢ぞろいです。

地方議会の若い議員たちが、政治を変える行動を起こそうと、「新時代の会」（仮名）を結成、趣意書を配りました。

> 今こそ、より良い地域社会建設の為、斬新《ざんしん》な発想による勇気ある行動が求められている。正しい認識に立脚した長期的展望を創造し、活力ある地域社会構築の礎となるため、ここに「新時代の会」を設立する。
> 「新時代の会」に集う一人ひとりが思考し、行動する規範――それは新時代を透察し、政治、経済、福祉、教育、文化など各分野にわたるネットワークで地域社会に生起する各種の解決すべき問題に対し、世論を大事にしつつ積極的に取り組むことである。

若さに燃えた熱気あふれる宣言と言いたいのですが、ちょっとためらいます。あまりにも紋切り型の修飾語が目につきます。「より良い地域社会」「斬新な発想」「勇気ある行動」「正しい認識」「長期的展望」「活力ある地域社会」など、地方議会の演説で繰り返された言葉がそのまま並んでいます。「新時代」を掲げるからには、もっと「斬新な」宣言を読ませてほしいのです。

役人の文章も、紋切り型が幅を利かせています。一部には見直す動きがないではありませんが、「上記の件、可及的速やかに、諸般の事情を勘案し、万事遺漏なく善処するよう、鋭意努力する方向で、前向きに検討する」といった役所言葉が無神経に繰り返されています。以前財団法人「経済広報センター」が行政改革をテーマに川柳を募集したときの最優秀作は、「早急に検討善処遺憾です」でした。

結婚披露宴などでよく歌われる『娘よ』を官庁語に変換した歌詞が新聞に載っていました。「娘の出嫁については、その期日の早急な到来は諸般の事情によって著しく不愉快であり、かつ適切を欠くものと思料するのが通常の男親の性癖である」。ちなみに原詞は「嫁にいく日が来なけりゃいいと、男親なら誰でも思う」です。思わず笑ってしまいました。

紋切り型の愛用で引けを取らないのはマスコミです。勝利を逃したチームの応援団は「がっくり肩を落とす」、会場いっぱいに若者が集まると「熱気ムンムン」、暴力団におどされた被害者の顔は「恐怖にひきつる」、永年の宿願を達成して「底抜けに明るい」、真夏の海水浴場は「芋を洗うような混雑」、次々に詰めかける客の群れに業者は「うれしい悲鳴」、与野党が真っ向から対立している法案の審議がいよいよ開始されることになり「成り行きが注目される」といった表現を、朝夕の紙面やテレビの画面、アナウンスに見つけるのには、さほど苦労は要りません。

締め切りに追われる新聞やテレビの場合、短時間でニュースを伝え、読者に理解してもらうためには、ある程度の紋切り型使用はやむを得ない面もあります。法律と前例に縛られる役人にしても、紋切り型の言葉の中で動いている限りは大過なく過ごせるのでしょう。政治家もあまりに心情を吐露する率直な表現だと、各方面に何かと差し障りが出てくるかもしれません。

しかし、皆さんにはそうした紋切り型を使わなければならない事情はおそらくないはずです。せっかく何かを人に伝えようと文章をつづる以上は、中古やあり合わせの言葉でなく、できるだけ自分が考えた、新鮮で、心に素直に迫る言葉を使って、自分の素顔を相手に示してください。

同じ言葉を反復しない

同じ言葉がすぐ近くに何度も出てくると、くどい感じの文章になります。

「はい、はい」と、重ね返事を老人にしたら、「『はい』は一つでいい」としかられました。二つ重ねるのは心がこもっていない証拠だという理由です。文章の中でも事情は変わりません。同じ言葉は何度も反復しないほうがいいのです。こんな新聞記事がありました。

> A町は現代美術を柱にした町立美術館を建設する。町村が現代美術を中心にした美術館を建設するのは全国でも珍しい試み。併設の図書館とともに町役場近くに建設する。美術館は延べ床面積は計約二千平方メートルで、鉄筋一部二階建て。建物はバルセロナ五輪の屋内競技場の設計などで知られるB氏が設計。太陽を表現した円筒形の建物、月を表した三日月型の建物、大地を表現した長方形の建物が並ぶ独特のデザイン。

二百字前後の短い記事に「建物」が四回、「美術館」「建設する」が各三回、「現代美術」「設計」が各二回登場します。何ともくどい印象です。少し表現を工夫して、「町村としては全国でも珍しい試み」「建設地は町役場近く」「バルセロナ五輪の屋内競技場を担当したB氏の設計」「太陽・月・大地を表現した円筒型、三日月型、長方形の建築が並ぶ」などとすれば、くどさはかなり薄らぎます。

少なくとも、常任理事国入りの希望表明に当たって、事前に国民的な議論らしい議論がなかったのは解せない。現在の五常任理事国のうち、日本の希望を積極的に支持しているのは米国だけで、国際的に全面的支持を得ているわけではないが、国内的にも国民的合意が成立しているとは思えない。国民的論議を尽くすべきである。

国連常任理事国入り問題を扱った新聞の社説です。ふだんは見かけない「国民的」という言葉が、数行の間に三回繰り返されています。どうしても必要な言葉なら、十回でも二十回でも繰り返して構いませんが、ここはそうしたケースだとは思えません。違和感をなくすには「国民の間で」とか「国民の多くの」といったなじみのある言葉への言い換えを考えてほしいと思います。

次は「二十一世紀」という題の学生の作文です。

まず私が頭に思い浮かべたのは、国連で日本が常任理事国になっていることである。この日本が常任理事国になれないはずはないと思う。次に思い浮かべたのは、ロシアが経済的に安定して、日本に北方領土を返還していると思う。そして日本の商社がレジャーランドを開発しているのではないかと思う。最後に思い浮かべたのは、エイズの治療薬ができているということと、ガンの転移の解明である。エイズは現在の医学から見ても、治療薬はできあがっているだろうと思う。ガンの方は、転移の解明ができないと、治療薬はこの先ずっとできないだろうと思う。

「思い浮かべた」は「考えた」「発想した」などと言い換えるといいでしょう。「と思う」は、ばっさり削ります。思うから書くのであって、思わないことを書くときだけ「私はそう思わない」と書けばいいのです。

新聞に雑誌のこんな広告が載っていました。

「血圧なんて気にしたこともない」。平然と、そう言ってのけるあなたこそ、あぶないのです。健康そのものに見えた人が突然脳卒中で倒れ、あとで悔んでいる人がたくさんいます。

「健康そのものに見えた人」と「あとで悔んでいる人」は別人ではなく、同一人でしょう。「人が」の重複はわずらわしい感じます。

健康そのものに見えながら突然脳卒中で倒れ、あとで悔んでいる人がたくさんいます。

◇

健康そのものに見えた人が突然脳卒中で倒れ、あとで悔んでいる例がたくさんあります。

というように、一つにまとめたり、別の言葉を使うようにすれば、すっきりします。もっとも、無意識にではなく、意識的に同じ言葉を使うケースもあります。「映画」という題の作文にこんな一節がありました。

> 女の子と映画を見にいった。私自身の気持ちとしては、映画を見るより、女の子と一緒ということが大事なので、どんな映画でもよかったので、たまたますぐ始まる映画があったので、その映画を見ることにした。

普通なら、「女の子と一緒ということが大事であり、どんな映画でもよかった。たまたま……」と文を分けるところです。それを「ので」「ので」「ので」と重ねたのは、あるいは筆者の意識的なレトリックで、第三章で紹介したレトリック、同義語反復（トートロジー）の一種だということなのかもしれません。そうだとすると必ずしも否定はできません。「過失犯」は困るが「確信犯」は認めてもいいというルールが、どうやら文章の世界にはあるようです。

漢字と仮名

常用漢字を基準にし、漢字三、かな七くらいの割合で書くと、読みやすい文章になります。

日本語には、漢字と平仮名と片仮名という三種類の表記手段があります。加えてローマ字も使えます。大小ローマ字しか使わない欧米語に比べて、多彩な書き方ができます。谷崎潤一郎には、普通なら漢字が使われるところをほとんど平仮名で書いた小説がありますし、小林多喜二には、ほとんどが片仮名の小説があります。それぞれ一味違った趣があります。ローマ字は人名の頭文字や団体名の略称として普通に使われるほか、「Ｂｕｔ」「Ｂｏｎ」など英語やフランス語をアルファベットのまま日本語の文章の中に書き込む人もときどき見かけます。

戦後のひところ、難しい漢字を覚えるためのエネルギー消耗が日本人の能力の足を引っ張っている、あるいは漢字はコンピューターに乗らないといった主張が唱えられ、漢字を追放してローマ字や片仮名で日本語を書く運動が熱心に進められました。

しかし、現在の標準的な表記法は、漢字と平仮名を適当に交ぜて使う書き方であり、この表記法は今後もまず揺るがないでしょう。仮名やローマ字だけの文章は読みにくく、かえって非能率です。潤一郎や多喜二の仮名書き小説も、最小限ではあるが漢字交じりでした。今は技術の進展で普通でも六千字を超える漢字がパソコンで利用可能となっています。特別の漢字ソフトを使えば二万字以上の漢字を書くことができます。ひそかな漢字ブームもあって、関係団体が行っている漢字検定の試験には、若い人たちが挑戦する姿が年々増えています。常用漢字以外の難しい漢字を使って、ほかの人とは一味違う文章を目指す人もいます。

しかし、漢字が多すぎると、字面《じづら》が黒々とし、取っ付きにくく、読みにくい文章になってしまいます。反面、平仮名が多すぎると字面が白っぽくなり、これもまた読みづらくなります。漢字仮名交じり表記で大切なのは、漢字にも平仮名にもそれぞれ自分の「分」をわきまえさせることです。では、最も読みやすい漢字・平仮名の比率は、どのくらいでしょう。

その「分」は、国語学者の森岡健二氏がかつて調査したところでは、「非常にやさしい」は漢字率（全文字中漢字の占める比率）が一〇％以下、「やさしい」は二〇％前後、「普通」は三〇％前後、「むつかしい」は三五～四〇％、「非常にむつかしい」は四五％以上というのがおおざっぱな基準だということです（平井昌夫『新版　文章を書く技術』）。また、文章心理学者の波多野完治氏は「今の文章感覚を中心としていえば、漢字三、仮名七ぐらいが一番読みよいのではなかろうか」と書いています（『文章心理学』）。お二人の説の一致する漢字三〇％くらいが適切なところなのでしょう。私の文章も平均して三〇％強くらいだろうと思っています。

次の問題は、どんな言葉を漢字で書き、どんな言葉を平仮名で書けばいいかです。新聞社や通信社は原則として、常用漢字で書ける名詞や動詞は漢字を使い、接続詞や助詞、助動詞、感動詞などはできるだけ平仮名書きにするといった方針をとっています。副詞や代名詞は、漢字で書く場合も平仮名で書く場合もあります。「一体全体」「絶対に」「決して」「切に」など漢字の字音による副詞は原則として漢字で書き、和語でも「最も」「再び」「全く」など、漢字に意味がある場合は漢字を使うのが普通です。

常用漢字というのは、法令や公用文書、新聞など、一般の言語生活で用いるうえの目安として一九八一年に内閣告示された常用漢字表（二〇一〇年に一部訂正）に記載された漢字のことです。全部で二千百三十六字あります。この常用漢字を基準とする書き方は、一般の人にもおおむね支持されているようで、私もほぼこの方針に沿って文章を書いています。ただし、二、三不満な点があります。その一つは、常用漢字外で漢字が使えないときの交ぜ書きです。

瀬戸内海で貨物船が浅瀬に乗り上げる座礁事故があった。原因は自動操だにしたまま見張りを怠ったという初歩的ミスだった。

新聞の記事です。見出しは「自動操だ過信禁物」となっていて、「自動操」という言葉があるのかと一瞬錯覚してしまいました。こうした漢字と平仮名の交ぜ書きは、ほかにも「う回」（迂回）、「愛きょう」（愛嬌）、「し好品」（嗜好品）などたくさんありますが、どれも読みにくいのです。字面もきれいではありません。「操だ」は「かじ取り」と言い換えたり、「操舵《そうだ》」「操舵（そうだ）」というように、振り仮名（ルビ）や括弧の読みを使って、なるべく交ぜ書きは避けるようにしたいものです。「う回」も「遠回り」「回り道」「回る」などに言い換えるか、「迂回《うかい》」「迂回（うかい）」としたほうがいいでしょう。

常用漢字に入っていない字は片仮名書きにされることもあります。新聞は常用漢字で書けない動物や植物の名称などは片仮名で書きます。この方針が行き過ぎて、常用漢字で書ける名称まで片仮名で書かれることが多いことにも、私はいささか不満です。もっと漢字を使うべきだと思いますが、ここではこれ以上は踏み込まないことにします。
平仮名が続くなど読みにくい場合も、片仮名にすることがあります。

米航空宇宙局は二十日、シューメーカー・レビー第9すい星の木星への衝突で、オーロラや硫化水素の発生が確認されたと発表した。硫化水素が新たに見つかったことで、木星大気の組成を探る新たなかぎが得られた。

で、「新たなかぎ」は「新たな鍵」ですが、一瞬「たなかぎ」という物があって、その新型が得られたのかと錯覚しました。
スポーツ面に「熱戦にけり興奮やまず」という見出しがありました。「興奮やまず」が文語調なので、「けり」は古文の詠嘆の助動詞で、「熱が戦いにけり」なのかと、これも錯覚しかけました。こうした場合は、「新たなカギ」「熱戦にケリ興奮やまず」のように、片仮名書きにしたほうがいいのです。
和語の動詞や名詞、形容詞はできるだけ仮名書きにするといった書き方もあります。

こうして、昨年、ついに音符知らずのわたしが音楽と楽器の展覧会をひらくことを決意したのであった。一般の人びとにも音楽と楽器をとおしてラテンアメリカを理解してもらおうとかんがえたのである。そして、いま、わたしはおおくの非常勤職員の人たちの力を借りながら、この展覧会の準備をすすめている。

例文は国立民族学博物館編集の機関誌からです。

この機関誌は、和語はなるべく仮名書きにするという方針をとっているようで、また「人びと」「国ぐに」のように、同じ和語を重ねる場合は二字目を平仮名にしています。その言葉の意味が一目で分かる漢字に比べ、仮名だと意味がとりにくいという批判もありますが、一つの参考になる考え方です。

カタカナ語

分からない、外国では通用しない、誤用が多い、など多くの問題があります。

新聞にスポーツカーの広告が載っていました。「グラマラス&コンパクトなボディに」という書き出しで、「ラウンディッシュなワイド&ローフォルムのフロント。オフロードライトスポーツ感覚のダイナミックなサイドビュー。ワイドトレッド、ブラックアウトキャビンのリアスタイル。メカニズムもスタイルも……」と続きます。

正直言って私には半ばちんぷんかんぷんです。もっと分かりやすい広告にしてほしいと思います。もっとも、広告主の自動車会社にしてみれば、はて何のことやらと戸惑うような人はどうせこの車を買うことはない、手あかのついた、やぼな言葉より、カタカナ語を使うほうが格段に訴求力があり、広告効果があると割り切っているのでしょう。

日本語の文章にカタカナ語=外来語が使われるのは、第二次大戦前にも広く見られた現象です。戦後になってからは、せきを切ったようにあふれ始めました。中には従来の日本語にその事物や概念を表す適当な言葉がなく、やむなく外国語を導入したといったケース、言い換えの利かない専門用語の場合もあります。ダブルクリック、USBポート、内蔵モデム、イーサーネットといったコンピューター用語の氾濫はその典型的な例でしょう。

その反面、何となく新鮮な感じだから、格好いいからといった使い方が多いことが、気になります。格好よさが生命であるファッションや芸能の世界でカタカナ語が幅を利かせるのは、ある程度は仕方がないとして、政治家や役人まで尻馬に乗って無神経な使い方をするのはまことに困った現象です。このままでは将来、日本語の多くの言葉がカタカナ語に取って代わられることになりかねないと、危機感を持つ人も大勢います。

日本の優れた詩歌の数々を選んで解説した『折々のうた』の著者で詩人の大岡信氏は、この『折々のうた』を書く上で自分のための掟としていることの一つとして、「古くから定着している語以外の新品の外来語は、決して使うまいということ」を挙げていました。

「ポストとかカステラとかは使っても、ポスト・モダンとかエクリチュールとかリアリティとかの片カナ語は使わないということ。言いかえると、ものを示す上で他に言いかえようもない言葉は当然使うが、一つの語に対し訳語だけでもいくつもありうるような観念語、概念語の片カナ使用はしないということ。（中略）意味がさまざまにとれる片カナ語を無原則に使う習慣と、言葉の置き換え、言い換えを気軽にやって平然としている現代日本人の情けない習慣とは、同じ根からでているもので、私はそれをできるだけ避けたいと思っている」と大岡氏は書いています。

ここでカタカナ語の問題点をまとめておくと、第一に普通の人にとって難解で、分からないことが多いことです。以前中国に行ったとき通訳の人に日本語はどこが難しいかと聞いたら、辞書にないカタカナ語がたくさん出てくることだという答えで、さもありなんと思いました。若い人には何とか分かっても、老人には見当もつかない言葉は多いのです。

文化庁が二〇〇三年に行った調査では、外来語百二十語を挙げて、その言葉を知っているか

（認知度）、意味が分かっているか（理解度）、使っているか（使用度）をそれぞれ調べたところ、半分の六十語が理解度四〇％未満でした。インキュベーション（もともとは孵化、企業支援や育成の意味に使う）やエンフォースメント（法律などの施行、執行、強制）に至っては、理解度が三％でした。こういった言葉が、政府の白書類や新聞、雑誌、テレビなどで註釈なしに使われることがあるのは、驚きです。

次に、一見外来語ふうでも実は和製の言葉という例が多いことです。イメージアップ、オープン戦、ガソリンスタンド、コストダウン、シルバーシート、スキンシップ、ダイニングキッチン、ナイター、ヘアヌード、ベースアップ、マイホーム、レギュラーコーヒー、ワイドショー、ワンパターンなど、アメリカやイギリスに行って使っても、どれも通用しないことは請け合いです。

第三に、外国語を間違えて使っている場合がよくあることです。あるレストランのＣＭは「ファンタジックなひとときを」と言います。ファンタジックといった言葉は西欧語にはありません。新聞のＣＭ評に「バック音楽は透明感のあるメルヘンチックな歌声をきかせている」とありました。「ロマンティック」からの類推造語で日本でしか通用しません。

別の新聞のインタビューで「慶応の名スクラムハーフで日本代表にも選ばれたラガーだが、Ｊリーグ人気をどう見ますか」と聞いていました。「ラガー」はラグビーボール競技のことです。「サッカー」が蹴球を指すのと同様です。選手のことを言いたいのなら、「ラガーマン（メン）」と書いてください。ＣＤのタイトルに「ワルツな夜」というのがありました。ワルツは名詞であり、形容動詞の語幹ではないので、「な」を付けるのは無理です。

実はその昔、日本の軍隊、ことに陸軍は外国語嫌いでした。軍の内部ではズボンを「軍袴《ぐんこ》」、シャツを「襦袢《じゅばん》」、スープを「濃羹汁《のうかんじゅう》」、キャラメルを「軍粮精《ぐんろうせい》」などと呼ばせました。太平洋戦争が始まると、「敵性語」追放の動きは国全体に広がり、野球の審判に三振アウトを「それまで」、ヒットやセーフを「よし」、ファウルボールを「だめ」、アウトを「引け」と言わせたり、女学校での英語の授業を止めさせたりしました。外国でも例えばフランスは、昔から政府が国語問題に熱心です。一九七五年には外来語の使用を制限する珍しい法律を制定しています。

しかし、言葉の使い方に法律で枠をはめるのは、言葉の自然な活力を奪うもので、本来は好ましいことではありません。外来語に、その言葉でしか伝えられないような味わいを持つものがあることは事実です。表現を的確にし、文章に奥行きを持たせるためにも、ある程度の外来語を使用することは当然認められるべきでしょう。

カタカナ語への批判が強まったのを受けて、国立国語研究所は二〇〇三年、二度にわたり合わせて百十四のカタカナ語について、言い換え例を発表しました。例えば、アセスメントは「影響評価」、インフォームドコンセントは「納得診療」「説明と同意」、デイサービスは「日帰り介護」、ライフラインは「生活線」といった具合です。

この言い換え語作戦は、国語の純粋性を守るというよりは、言葉をだれにでも理解でき、意思が通じるものとすることが狙いだと思われます。歓迎されていい、バランス感覚のある動きではないでしょうか。失礼。カタカナ語をつい使ってしまいました。

句読点と符号

使い方を誤ると、自分の言いたいことが誤って伝わることもあります。

やっかいなのが清掃。壁面が複雑なのでゴンドラがつり下げられない。ロッククライマーが集まる特殊なビルを清掃する会社に頼む。

東京・渋谷にある、ビルの上にロボットか宇宙船が墜落したような突飛な設計のビルについての新聞の記事です。「ロッククライマーが集まる」特殊なビルがあり、そのビルを「清掃する会社」が特別にあって、その会社に清掃を頼むのかと、一瞬錯覚しました。

これはもちろん、ロッククライマーがその岩登り技術を生かしてビル清掃の仕事をしている会社ということです。正しく読んでもらうためには、「ロッククライミングの技術を生かしたビル清掃会社」と書き換えるのでなければ、「ロッククライマーが集まる、特殊なビルを清掃する会社」というように「集まる」の次に読点を補うべきです。

「裸足の伯爵夫人」の主演女優、エリザベス・テーラーに「私より美しい」と言わせたエヴァ・ガードナーの伝記。

新聞に載った単行本『エヴァ・ガードナー』の紹介の書き出しです。これを読んで、あれ、エリザベス・テーラーは『裸足の伯爵夫人』の主演女優だったかしらと首をかしげた人もおいでのことでしょう。その疑問はもっともで、冒頭の「主演女優」はずっと後ろの「エヴァ・ガードナー」にかかります。誤解を呼ぶのは読点でつないでいるからです。ここは、

「裸足の伯爵夫人」の主演女優であり、エリザベス・テーラーに……

と補足するか、

「裸足の伯爵夫人」の主演女優。─エリザベス・テーラーに……

というように、句点（。）で一度文を切って、表題の本の説明文としなければいけません。

日本語の文章には、かつては句読点や符号はほとんど使われていませんでした。現在の句読点・符号は、一部を除いて明治以後、欧米の句読法を参考に考案されたものです。国語の時間に読んだ源氏物語や枕草子に句読点があったとおっしゃる方がおいでかもしれませんが、それは学者が近年になって読解のためにつけたものです。しかし、今、皆さんが文章を書く場合、句読点・符号は、不可欠の要素です。句読点の有無が裁判の対象になったこともあります。

句読点の使い方次第で文章の意味が変わる例としてよく挙げられるのは、刑事と賊の話です。

刑事は血まみれになって逃げ出した賊を追いかけた。

これでは、血まみれになっているのは、刑事ともとれますし、賊ともとれます。

刑事は、血まみれになって逃げ出した賊を追いかけた。

こう読点を打てば、ああ、血まみれになって逃げ出したのは賊だ、と分かります。

刑事は血まみれになって、逃げ出した賊を追いかけた。

と読点を打てば、刑事は賊に反撃されて血まみれになったのだと分かります。

句読点・符号には大別して次のような役割があります。（符号の呼び方は一般的な名称を採用したが、中点《なかてん》を中黒《なかぐろ》というようにほかにもいろいろな呼び方があります）

① 区分する＝読点（、）、中点（・）、句点（。）、疑問符（？）、感嘆符（！）

② 囲む＝かぎ（「 」）、二重かぎ（『 』）、角括弧（［ ］）、丸括弧（（ ））、亀の子括弧（【 】）、山形括弧（〈 〉）、亀甲（〔 〕）、中括弧（｛ ｝）、ちょんちょん括弧（〝 〟）

③ 省略する＝三点リーダー（…）、二点リーダー（‥）、ダッシュ（——）、波形（～）

④　連結する＝ハイフン（-）、二重ハイフン（=）、中点（・）
⑤　参照する＝アステリスク（＊）、米印（※）
⑥　繰り返す＝一の字点（ゝ、ゞ）、同の字点（々）、ちょんちょん（〃）
⑦　強調する＝傍線（○○）、傍点（○○）、波形傍線（○○）

最も身近で普通に使われるのは句点（。）と読点（、）です。句点は文が終わったときに打ちます。

春が来た。出た出た月が。どうぞ、こちらへ。

注意したいのは、かぎ括弧（「　」）の中の文の終止の場合で、国語の教科書や公用文では、閉じ括弧の前でも打つことになっています。

いかにも公的機関からやって来たかのように装い、「法律で義務づけられています。」、「古くて危険です。」などと電話機や消火器などを販売してくるのが「かたり商法」です。

しかし、普通の新聞や雑誌の場合は、閉じ括弧の前の終止には、それが段落の途中の場合も、最後の場合も打ちません。「法律で義務づけられています」「古くて危険です」で済ませます。もちろん、打ちたい人は打って構いません。私は新聞方式をとっていますが、どちらが正しく、どちらが誤りだとは言えません。ただし、一つの文章の中で、打ったり打たなかったり、不統一はいけません。

読点はたいへん複雑です。ある新聞社は次のような決まりを作っています。
一、叙述の主題となる語のあと。
(例)モロコシは、アフリカ原産の穀類である。
二、対等に並列する同種類の語句の間。
(イ)文が中止する場合。
(例)水をくみ、たきぎを採り、モロコシを臼でひいて粉にしてだんごをつくる。
(ロ)体言または体言を中心とする語句が並ぶ場合。
(例)赤い血の雨、上流に向かって流れる川、踊る骸骨、大地の精霊たち……。
三、住所、職業、氏名または所在地、会社名などを続けて書くとき、住所、所在地などのあと。
四、叙述に対する限定や条件などを表す語句のあと。
(イ)主題となる語の前に、限定や条件の文をおくときは、その前置きの文のあと。
(例)電気も映画もテレビもない生活はかんがえにくいが、フルベ族はすこしまえまでそういったものをもっていなかった。
(ロ)限定や条件を表す文を主文の間にはさむ場合、はさんだ文の前後。
(例)ある人の言葉をヒントに、おなじものを使いながら、ちがう作品をつくっていく。
五、時、場所、方法などを表す語句が文全体を限定する場合、その語句のあと。

(例) その日の午後、いつものようにバイクに乗って市役所を訪れた。

六、接続詞またはこれに準ずる語句を文の初めに用いた場合、そのあと。

(例) だから、ハイエナはいつもだまされてばかり。

この決まりはそのあとに「注」として、次のように注意しています。

(1) 文の構造がきわめて簡単なとき、あるいは語句の構成が簡単なため読点がつづきすぎたり、読点のあと、すぐ文が終わったりするときは、読点を省略してよい。

(2) 不必要な箇所にはつけない。

(3) 必要な箇所にはつける。「刑事被告人は、いかなる場合にも、資格を有する弁護人を依頼することができる」で「いかなる場合にも」のあとに読点をつけないと誤解を招く。

(4) 「しょうゆ、または塩」「くさむらや、やぶのなか」などの例では、読点をつけないと、読みにくい。

(5) 読点を、息の切れ目につけたり、口調によってつけたりする場合もある。

(6) 和歌、俳句などには読点をつけないのが普通である。

この原則と注で、読点の打ち方は、ほぼ理解できます。ただし、「省略してよい」とか「読みにくい」「息の切れ目」「口調」といった、いささかあいまいなところもあるので、具体的な打ち方は、文章の書き手によって微妙に変わるのが普通です。

句点、読点以外の符号も簡単に説明しておきましょう。

中点（・）＝マリリン・モンロー、巨人・阪神戦、東京・銀座など、同格の語、または切り離せない関係にあるものの語間につけます。

繰り返し符号（々ゝゞなど。踊り字とも言います）＝もともと筆写の手間を省くために工夫された記号です。高齢者の文章には必ずと言っていいほど次から次へと出てきますが、現在の文章では普通「々」（同の字点）以外は使いません。「々」の使用も「徐々」「人々」など漢字一字が繰り返されてできた熟語の場合に限ります。二字以上の漢字の繰り返しは、「一歩一歩」「部分部分」というふうに書きます。「民主主義」「学生生活」など複合語で漢字が重なるときは使いません。

あるＰＴＡの会報に、「漢字を忘れて辞書を引き々原稿を書いた」という編集後記が載っていましたが、これは古い書き方としても誤りです。この場合は「辞書を引き引き」と書いてください。

ダッシュ（――あるいは―）＝挿入句の前後、引用句を受けて文を続ける場合、言い換えの句を導く場合、言葉を省略して文を続ける場合、問いまたは答えの文頭、要旨・要点をまとめたあとに使用する場合、文末に余韻を残すために使用する場合などに使います。一字分のダッシュは、〇〇から〇〇まで（区間・時間）を表す場合、ルートを表す場合、数値の幅を示す場合、組み合わせやスコアを示す場合などに使います。

正しい敬語

敬語は日本語の誇っていい特徴です。しかし、使い方を誤っている人も多く見受けられます。

「お母さんの電話はだれからかかったか、すぐ分かる」と娘に言われたという打ち明け話が新聞に載っていました。「どーおでもいいって話し方は、お父さん。その次にどうでもいいのが、友達。（仕事関係の）おエラいさんだと、敬語使いまくってる。（息子の担任の）先生だと、『申し訳ありません』ってペコペコ謝るし、（実家の）おばあちゃんだと、なまりが出る」。

読んでいて思わず笑ってしまいました。鋭い観察です。もっとも、だからと言って、このお母さんが、今後はだれにでも同じ話し方をすることにしようと考えたとすれば、それは誤りです。丁重に話すべき相手には敬語を使い、親しい相手にはざっくばらんに話す。それが生きた人間の話し方というものでしょう。だれにでも同じ言葉遣いしかできないのでは、留守番電話や自動販売機の音声と変わりません。

やはり新聞に、デパートについての読者アンケートをまとめた特集が載っていました。「デパートに望むこと」の回答部分の特大見出しに「デパートにお願い」とあって、目を疑いました。

辞書を引くと、「願う」には、「①神仏に望むところを請い求める。祈る。②心の中で望ましい物事の実現や獲得を請い求める。望む。③上位の者や役所などに処置をしてくれるよう希望を申し立てる。請願する」といった説明があります。神仏、上位の人に請い求めるのが「願う」です。

会社の上司は部下に対して、ジョークでなければ「お願い」とは言いません。この新聞は読者をデパートより下位に位置するものと考えたのでしょうか。

さて、敬語は日本語の特徴だと書きましたが、ほかの言語にも敬語に当たる言葉がないわけではありません。英語やフランス語に表面上は敬語がないことから、かつて日本でも「敬語など使う必要はない。敬語は封建制の遺物だ」といった乱暴な主張をする人もいたようですが、それは二重の意味で大きな誤りです。英語やフランス語にも相手に対する敬意の表現は存在しています。さらに、日本語の場合は、敬語が繊細、微妙に発達しているため、会話や文章の中で適切に使うことで、話し手、書き手は、自分が相手、あるいは会話や文章の中に登場する人物に対して持つ敬意や大切に思う気持ちを的確に表現することができるという利点があります。会話の相手や文章の読み手の側からは、話し手、書き手の気持ちを読み取ることが可能です。敬語の効用には、まことに大きいものがあります。

ビジネスの世界でも、取引相手や顧客との応対で敬語の使い方が適切でなかったために、意思が疎通しなかったり、感情を害されるような羽目になったり、といった苦いケースの教訓から、敬語が見直されています。新入社員に敬語を厳しく教育する企業は珍しくありません。

敬語について注意したいことを並べておきましょう。

〈第一〉に、一口に敬語と言ってもいろいろな種類があり、きちんと使い分けたいということです。

① 自分より上位にある人を高めて表現する「尊敬語」です。主格に立つ人を高めるので「主格尊敬」「仕手尊敬」とも言います。

あなたのお父さまはどうしていらっしゃいますか。お若いころお書きになったご本を読みました。

傍線の語句が尊敬語です。「あなた」「お父さま」は上位の人そのもの、「いらっしゃいます」「お書きになった」はその人の動作、存在を表す言葉です。「お若い」はその人の状態や性質を表す言葉で、「ご本」はその人に所属する物事を指します。

② 自分（自分以外の人物の場合もある）を相手より下に置く「謙譲語」。自分が下なら相手は上になり、結局は相手を敬う言い方になります。

拙文をお目にかけたいと存じ、ご挨拶にうかがいました。

「拙文」は自分に所属するものを指します。「お目にかける」「存じ」「ご挨拶」「うかがい」は自分の動作です。自分の動作の謙譲表現は、目的格・与格に置かれた相手を高めることになるので「補語尊敬」「受け手尊敬」とも呼びます。

このうち「拙文」「存じ」は、目的格・与格に置かれた相手がなく、自分を低めるだけの働きです。「お目にかける」「ご挨拶」「うかがい」とは少し性質が違います。このため、文部科学省の文化審議会の「敬語の指針」（二〇〇七年答申）は、この両者を区別して、「ご覧に入れる」のような、自分を低め相手を高める謙譲語を「謙譲語Ⅰ」、「拙文」「存じ」のような、自分を低めるだけの謙譲語を「謙譲語Ⅱ」（丁重語）と呼ぶことにしています。

③　話し方を丁寧にする「丁寧語」および「美化語」。

第二章の「文の止め方」で「です・ます」調を丁寧体と説明しました。敬意が根底にあるため、「丁寧語」と呼ばれ、敬語の仲間です。特に丁寧にする場合は「ございます」を使います。

> おはようございます。お茶はいかがですか。

「お父さま」「ご本」は尊敬語だと書きましたが、名詞に「お」「ご」を付ける使い方でも、「おはよう」「お茶」「ご祝儀」のように、特に相手に対して敬意を表するわけではなく、専ら上品な言い回しとして使われる場合は「美化語」と呼ばれます。これも敬語の一種とされています。

問題は、①の尊敬語と②の謙譲語を混同する人が多いことです。ことに、自分の動作を低めて言う「お〜する」（補語尊敬）は、しばしば相手の動作を高めて言う尊敬語の「お〜になる」（主格尊敬）と間違えて使われます。商店街の大売り出しなどでよく流れる「引換券をお持ちしている方は、抽選所へどうぞ」といったアナウンスは、ほんとうは客をへり下らせる表現です。「引換券をお持ちになっている方」でなければ、尊敬の意思は伝わりません。

あるいは、区役所の職員の言葉です。丁寧なつもりで「あちらの窓口でうかがってください」というのは誤りで、「あちらの窓口でお聞きになってください」と言うのが正しいのです。「うかがう」は「聞く」「尋ねる」の謙譲語ですから、公僕が区民に対して使う言葉ではありません。「申す」「いただく」「まいる」なども尊敬語とよく混同される謙譲語です。目上の人の行動に使わないよう、注意が必要です。ベテランでも錯覚することがあります。読者相談の回答者を永年している専門家が、厚生年金の受給もれについて、新聞にこんな書き方をしていました。

> それ（年金欄の回答）を読んで自分の未請求分についての加入期間の確認をして、二百万円余（五年分の合計）の年金を頂いた方が何人もいました。古い未請求の被保険者証はないか、記憶ちがいで未請求分がないか調べて下さい。

当然ここは、「年金を受給された」あるいは「年金を受け取られた」と書くべきところです。次は尊敬語と誤りやすい謙譲語です。間違えて使うことのないよう、気を付けましょう。

▽いたす（「する」の謙譲語）　×「あなたがいたされたお仕事」○「あなたがなさったお仕事」

▽いただく（「もらう」「食べる」の謙譲語）　×「あなたがいただいたランチ」○「あなたが召しあがったランチ」

▽うかがう（「聞く」「尋ねる」「訪ねる」の謙譲語）　×（講演者が聴衆に）「何でもうかがってください」○「何でもお尋ねになってください」

▽お〜する・ご〜する（「〜する」の謙譲語）　×「あなたがお書きしたご本」○「あなたがお書きになったご本」

▽お〜できる・ご〜できる（「できる」の謙譲語）　×「この窓口はご利用できません」○「この窓口はご利用になれません」
▽お目にかかる（「会う」の謙譲語）　×「あなたがうちの息子にお目にかかったとき」○「あなたがうちの息子にお会いくださったとき」
▽お目にかける（「見せる」の謙譲語）　×「あなたが私にお目にかけた書類」○「あなたが私に見せてくださった書類」
▽存じる（「知る」「思う」の謙譲語）　×「あなたは今度の例会がいつあるか存じていますか」○「あなたは今度の例会がいつあるかご存じですか」
▽まいる（「行く」「来る」の謙譲語）　×「あなたは今度の例会にまいりますか」○「あなたは今度の例会にいらっしゃいますか」
▽申す（「言う」の謙譲語）　×「先生が申されたとき」○「先生がおっしゃったとき」
敬語で注意したいことの〈第二〉は、過剰な敬語はわずらわしく、逆効果だということです。バーやキャバレーでは、こちらの職業や身分を知りもしないのに「社長」「先生」と呼ぶホステスやウエーターがいて、不愉快な思いをすることがあります。過剰な敬語もかえって嫌味です。同じ運動部の仲間の家に遊びに行ったことを書いた学生の作文にこんなくだりがありました。

お父様がA国駐在大使で、ご両親ともA国に駐在していらっしゃって、M君とお姉さんだけで住んでいる。

◇ご両親はなかなか考えていらっしゃる。

「駐在している」「考えている」の尊敬語にはいくつかの作り方があります。

Ⅰ「れる・られる」を添える。「駐在されている」「考えられている」
Ⅱ「いらっしゃる」を付ける。「駐在していらっしゃる」「考えていらっしゃる」
Ⅲ「お・ご〜になる」を付ける。「ご駐在になっている」「お考えになっている」

番号の順番に敬意は深まっていきます。この場合は仲間の両親の話ですから「お・ご〜になる」はもちろん、「いらっしゃる」も少しオーバーです。書き方に特別のニュアンスを持たせたい場合は別として、通常の文章なら、尊敬語は「れる・られる」でいいでしょう。「お父様」も「お父さん」あるいは「父君」でじゅうぶんです。

敬語過剰の仲間に、丁寧語・美化語過剰があります。

毎度、○○ガスをご利用いただきまして、誠にありがとうございます。
さて、この度は、空調や厨房の快適な生活をお手伝いする様々な機器のご紹介をさせていただきます。同封した返信はがきでガス機器のご要望をいただくか、または、お電話をいただければ、無料でお見積ご提案させていただきます。
お支払いについても、分割払い・ボーナス一括払い等をご用意しておりますので、この機会にご検討いただければ幸いです。

ガス器具販売会社から来たダイレクトメールの一節です。顧客に対しての低姿勢は分かりますが、これだけ連発されると、何とかの一つ覚え、口先だけといった感じを与えかねません。「いただく」を使っている六か所のうち、最初と最後の二つくらいを残して、真ん中の段落は、

さて、今回は、空調や厨房の快適な生活をお手伝いする様々な機器のご紹介をいたします。同封した返信はがきでガス機器のご要望をくださるか、または、お電話をくだされば、無料でお見積ご提案をいたします。

というように、相手の動作は「くださる」、自分の動作は「いたす」というように、似たような丁寧語に言い換え、変化を付けることを工夫したらいいのではないでしょうか。

ちょっと性質は違いますが、最近、医師や看護師、事務員が患者の名前を呼ぶとき「○○さま」と敬称の「さま」を付けさせる病院が増えていると聞きました。あるいは来訪した市民・区民を「○○さま」とさま付けにする市役所や区役所も出てきているようです。自分が大切にされたと素直に喜ぶ患者や市民もいますが、中には「言葉だけ丁寧にしても、態度は全く変わらない。かえってバカにされているようだ」と反発する人もいます。敬語は言葉も大事には違いありませんが、本当に大切なのは、その陰にある相手を大切に思う気持ちなのだと思います。

注意点の〈第三〉は、敬語とそうでない言葉をまぜこぜにしないことです。一つの文章の中で、敬語を使ったり使わなかったり、不統一は好ましくありません。「『である止め』と『です止め』」のところで、「だ・である」と「です・ます」をまぜこぜにして使ってはいけないと書きました。敬語と非敬語をまぜこぜにしてはいけないのも、理由は同じです。

> 〇〇白書は少子高齢社会の将来について多くのことを考えさせます。その中の幾つかを御紹介して、今後のことを考えてほしいと思います。

内閣が出しているメールマガジンにこんな「大臣のほんねとーく」が載っていました。担当大臣が自省の白書について書いたものですが、ちょっと引っかかったのは、「御紹介」と敬語を使いながら、その後は「考えてほしい」と敬語を省略していることです。普通なら「御紹介」と書けば、その次は「考えていただきたい」と書きます。そのほうが文章の通りが滑らかです。いったん持ち上げておいて、「考えてほしい」とストンと落とすのは気になります。この文章を書いた大臣（あるいは官僚）は「ほしいと思います」は命令形ではなく、丁寧な言い方だと思ったのか、あるいは「ほんねとーく」だから、敬語を使う必要はないと思ったのでしょうか。

> 先日、〇〇関のもとに取材にうかがったときのこと、「今場所は壁にぶち当たると思います」と語っていた。

あるスポーツコメンテーターが新聞に書いた、新入幕の力士のところに取材に行った話の一部です。「うかがった」は「行った」の謙譲語ですから、その次に来る○○関の行為「語っていた」は当然、尊敬語が使われるべきです。ただ、「語っていらっしゃった」「語られていた」といった尊敬語は、まだ新入幕で若い力士に対しては丁重に過ぎ、読者に違和感を与えかねません。

これは、やはり敬語は使わないことにして、たとえば、「○○関は、先日の取材の際『……』と語っていた」「三週間前の取材では、○○関は『……』と語っていた」「『……』というのは、先日取材したときの○○関の言葉だ」といったふうに、○○関に礼を失しないような言葉使いを工夫したらいいのではないでしょうか。

注意点の〈第四〉は、第三者に読ませる文章では、自分の身内に尊敬語を使わないことです。これは書き言葉だけでなく話し言葉でも同様で、テレビで若いタレントがよく間違えます。父親のことを聞かれれば、「私の父は……」と答えるべきであり、「私のお父さんは……」と言ってはいけません。どんなしつけをしたのかと、当のお父さんが笑われてしまいます。

また、「身内」には家族だけでなく、会社や職場も含まれます。外部からの電話に、「課長さんは今日はご出張中です」などと応答したり、取引先への文書に、「我が社の社長さんがいつもおっしゃっている通り……」などと書けば、あの会社の社員教育は一体どうなっているのかと、社長や課長が冷笑されます。これはもちろん、「課長は本日は出張しております」「弊社の社長が常に申している通り……」といった具合に、謙譲語を使うべきケースです。

気になる丁寧表現

当人は丁寧に言ったつもりでも、そうは受け取られない場合があります。

買い物に行ったところ店先に「本日は、都合により、お休みさせていただきます」という張り札があったので、むかっ腹が立ったというコラムが新聞に載っていました。「勝手な都合で休んでおいて『させていただく』はないだろう。慇懃無礼の典型だ。当人の意思をぼかして相手側に責任を押し付ける巧妙な言い回しだ。もっと素直に『都合によりお休みいたします』となぜ書かないか」と怒り心頭です。

これに対して「コラムを読んでびっくりした」という投書が歯科医院に勤めている人からありました。「休診の張り紙を作成する際、『都合により休診させていただきます』と書いている。私にとって『させていただく』は『勝手に休んで申し訳ない。急患で来てしまった方、ごめんなさい』という気持ちだった。『いたします』だと、こちらのほうが上で『休んで何か文句でもある？』というニュアンスのような気がする」

前節のガス器具販売会社のＤＭもそうでしたが、「させていただく」は、近ごろよく耳にしたり目にしたりする表現です。もともと「させていただく」は、「相手の恩恵・許可を得て……する」というニュアンスの謙譲表現なので、恩恵・許可と関係のない場合に乱用されると、コラムのような受け取り方も、投書の人のような戸惑いもあるわけです。ただ、日本語は、よく気配りの言葉だと言われるように、実際は「案内してやる」なのに「案内させていただきます」といったふうに、本当はそうでなくても相手から恩恵を得るというとらえ方をすることがあります。商店が「お休みさせていただきます」と張り紙するのも、客の許しを得てという発想なのでしょう。

この商店休業の場合のような「させていただく」の使い方について、言語学者の菊池康人さんは、『敬語再入門』の中で、本来の使い方の自然な延長で、とくに問題はないと思う、と肯定的な意見です。もともとふだんから客を大切にし、いつも客の苦情や注文に耳を傾けているようなお店なら、客がむかっ腹を立てることはなかったかもしれません。

しかし、菊池さんは、先生に資料をコピーするよう命じられた学生が「はい、コピーさせていただきます」と返事するような使い方、セールスマンが「このたび新製品を開発させていただきました」と言うような、単に辞を低くするだけの表現と思っての使用は、過剰使用で、誤用だとしています。あくまでその本来の意味を念頭に置いて使いたいものです。

「～してあげる」という謙譲語を、目上の人だけでなく、目下の人や人間以外のものに対して使う使い方も、随分以前から問題になっており、広まる一方のようです。作家の田辺聖子さんが、四十五歳の男性が「妻に買ってあげた」と発言しているインタビュー記事を読んで「四十代でも、『やる』と『あげる』を濫用するか」と嘆いた文章が新聞に載っていました。「あげるは敬語やろ。女房、子供はやるでエエ！　犬にエサをやる、花に水をやる――フツーの日本語は、こうなってるはずじゃっ！」と続きます。まことに同感です。自分と同等、あるいは自分以下の人に対しては「あげる」でなく「やる」と書きたいものです。

ただし、前述の菊池さんによると、これは本来は謙譲語の「あげる」が次第に謙譲語の性質を弱めて「やる」のきれいな表現、「美化語」として使われる傾向を強めているということのようです。つまり「あげる」は謙譲語から美化語への移行のまさに途上にあるわけです。そうして、この謙譲語から美化語へという変化は、（私にはまだ大きい違和感がありますが）敬語の歴史を考えると自然な変化だと、菊池さんは付け加えています。

ところで、自然な変化かどうか、疑問に感じられる使い方もあります。デパートや郵便局で伝票を記入する際に「お名前さまお願いします」「ご住所さまをお書きください」と言われたという人が結構います。名前や住所は明らかに客に属するものであり、それに「お」や「ご」を付けるのは、デパートや郵便局が客に対して敬意を表するためでしょう。そこまでは当然なのですが、その上に「さま」を付けるとなると、これはどんなものでしょうか。

「千円からお預かりします」「おたばこのほう、お吸いになりますか」「こちらコーヒーになります」……こうした表現がコンビニエンスストアやファミリーレストランの従業員の間で、普通に使われています。さすがにまだ文章上の用語にはなっていないようですが、気になるのは、従業員の人たちが、こうした表現を丁寧表現で、敬語の一種だと信じて使っているらしいことです。もちろん、これは「千円お預かりします」「おたばこはお吸いになりますか」「コーヒーでございます」といった言い方のほうが正しいのです。

日本語にはもともと、物事をはっきり指すのでなく、その周辺を漠然と指す使い方のほうが丁寧だとする傾向があり、それがこうした言い方が広まった背景にあるのでしょう。

品格のある文章

俗語・新語・流行語・隠語に注意する。カタカナ語を多用しない。話し言葉ふう文体も問題。

腹が立つ相手に悪口雑言を並べたいときはともかく、普通の場合の文章、ことに公的な文章や目上の人に読んでもらう文章は、品格を心掛けたいものです。先年、大相撲の世界で横綱の品格が話題になりました。横綱にふさわしい人格、識見、行動といったことでしょう。文章の品格は、読む人に不快感を与えないことだと考えます。そのために気を付けたいのは、第一に、俗語や新語、流行語を使い過ぎないことです。限られた世界でしか通用しない隠語も感心しません。

> テレビコマーシャルの中でやけにビールのおいしそうなシーンが見掛けられます。夏に一段とおいしく感じるビール。そのビールグラスにこだわってみませんか。ビールをいただく食卓も、いろいろなシーンがつくれ、コーディネートできます。

「空間環境・テーブルコーディネーター」という肩書きの人がビールグラスについて書いた文章です。引っかかるのはまず「やけに」という俗語です。本来マイナスイメージの言葉である「こだわって」も、プラスイメージの最近の若者ふうの使い方がされています。俗語一点張りかと思うとそうでもなく、「おいしく」「いただく」は丁寧語・謙譲語で、アンバランスです。

言葉は時代を映す鏡であり、生き物です。新しい時代を表現する新しい言葉が生まれなければ、私たちの歴史も進みません。しかし、逆は必ずしも真ならずで、新しい言葉なら何でも歓迎というわけにはいきません。新語、流行語の使用はほどほどにするほうがいいでしょう。

第二に、カタカナ語を多用しないことです。先の例文もカタカナ語が目立っていましたが、さらに進むと、「ビールをダイナミックに、ワイルドに飲むのも、夏ならではの感じです」といったくだりが出てきました。一体どんな飲み方なのでしょうか。

第三に、話し言葉ふうの表現や体言止めに注意することです。文章を、話し言葉は必要以上になれなれしくし、体言止めは息苦しくします。

第四に敬語に気を付けることです。ことに必要以上の丁寧語、「お役人」「お金持ち」といった無用な「お」「ご」の使用は考えものです。「独特の言い回しがまかり通る『お役所言葉』をもっと県民に分かりやすい表現に改めるため、県は公用文の見直しを進めている」（地方紙の社説）「その場限りの常とう文句で逃げるお役人の姿勢」（全国紙の記事）「〝守旧派〟の先頭を行くお役所機構」（同）など、新聞はよく「お役所」「お役人」という表現を使いますが、役人＝公務員は公僕であり、国民に奉仕することが務めです。その役人になぜ「お」と敬称を付けなければならないのでしょうか。不可解極まりない現象です。

第五に、代名詞も大切です。男性の場合、一人称で「僕」「俺」を使うと、気の置けない、さばけた、親密な感じになりますが、逆に言えば、相手（読む人）を「君」「貴様」「お前」と呼び、同等あるいは目下扱いしている感じにもなります。社内文書や公的な文章には使うべきでない代名詞です。三人称で目上の人を呼ぶのに、語感の軽い「彼」「彼女」という代名詞を使うのも感心できません。その場合は「父」「……先生」「……さん」というように、名前や肩書を繰り返して呼んでください。

気を付けたいことの最後は、差別語の問題です。「めくら」「おし」「つんぼ」「人夫」「土方」「飯場」「特殊部落」「めかけ」「土人」「裏日本」「後進国」など、心身障害、職業、身分、人種、地域、国家、その他の分野で差別観念を表す言葉や言い回しが差別語です。以前、「差別表現の規制は言葉狩りだ」「文学から真実を奪うものだ」「表現の自由の侵害だ」など規制反対論が噴出したことがあります。もちろん、自分だけの私的な文章で差別語を使いたければ、好きなだけ使えばいいのです。しかし、他人の目に触れる、公的な文章は別です。問題は、差別語の使用で傷つく人が現にいる、それも、ただでも恵まれない立場の人だ、ということです。

乗客を金目当てに殺害したタクシー運転手を相手取って被害者の家族が起こした損害賠償訴訟の一審で、裁判官が判決理由に「一般論で言えばタクシー乗務員の中には雲助まがいの者や賭事などで借財を抱えた者がまま見受けられる」と書いて話題になったことがありました。タクシーに何か怨みがあったのかもしれませんが、かなり非常識な差別表現です。

表現の自由が許されているからといって、力のない弱い立場の人を傷つける言葉は使うべきではありません。それは単なる筆のあやの問題ではなく、人間としての生き方、他人の苦しみを自分の苦しみと感じることができる想像力、人間性の問題ではないでしょうか。要は文章の隅々まで神経を行き届かせることです。そうすれば品格のある文章は自然に生まれます。

若い人の文章、高齢者の文章

若い人の文章には若い人なりに、高齢者の文章には高齢者なりに、気になる点があります。

このところ大学でマスコミを志望する若い人たちに文章を書かせるかたわら、自分史の指導で高齢の方々の文章を数多く読む機会がありました。興味深い現象は、それぞれ、いくつかの注意したい点が繰り返してしばしば現れることでした。それらの点を整理して以下列挙しておきます。内容はほぼこれまで書いたことの繰り返しになりますが、これだけでも重点的に注意すれば、添削は八〇パーセントまで不要になるといっていいでしょう。

まず、高齢者の場合。

◆当て字、ことに当て字の副詞、形容詞を多く使う。目出度い、一寸、宜敷く、迚も、只、真逆、漸く、夫々、仕合せ、出鱈目、など。

◆平仮名が普通の言葉に漢字を使う。思って居ります、勿論、暫く、迄、尚、～の様に、殆ど、然し、呉れる、～し度い、～の為、余程、など。

◆あまり使わない漢字を使う。云う、～し乍ら、午后、など。

◆旧仮名遣いがときどき現れる。「～してゐる」と書く人はさすがに少ないが、「思へば」「伝へる」は珍しくない。

◆踊り字を使う。ことに最近は使われないくや ゝ、〻が愛用される。すごく、まごく、いよ〳〵、あゝ、こゝ、〜していたゞいた、など。

◆送り仮名で、活用語尾を送らない。過す、暮す、変る、など。

こうした書き方は、決して間違いではありません。しかし、若い人はほとんどと言っていいほど、こうした書き方はしません。したがって、こういった書き方がされていると、いかにもお年寄りの文章だという印象を与えます。もちろん、そういう効果を狙ってわざとそういう書き方をしているのなら、全く構いません。そのまま通してもらって結構です。しかし、分かりやすい、若い人にも抵抗のない文章を目指すのなら、書き直したほうがいいと思います。

一方、若い人の場合は、

◆話し言葉ふうの表現が多い。文尾にカタカナの「ネ」「サ」「ヨ」、あるいは！や？をしばしばつける。

◆外来語が多い。

◆誤字が多い。

◆敬語不使用、あるいは過剰。

といった特徴を持った文章が目立ちます。意図的に、こうした書き方で、若さ、新しさを打ち出したいと思っているのなら、それは筆者の自由です。

しかし、年配の人にもショックを与えず、読んでもらえる文章を書きたいのなら、手を入れて、こうした特徴は修正することを勧めます。

第五章

達意の文章

大切な「三多」

看多《かんた》＝手当たり次第に読むのではなく、自分が目標とする文章を選んで読みこなすことです。
做多《さた》＝新聞や雑誌への投書、懸賞論文・作文への応募、自分史の執筆などにも役立ちます。
商量多《しょうりょうた》＝自分を甘やかすことなく、厳しい第三者の目で見てもらうことを考えましょう。

これが自分の文章だ、さあ読んでほしいと胸を張って言える文章はどう作り上げていけばいいでしょうか。まず、古人の言葉に耳を傾けたいと思います。

勧めたいのは、中国の北宋時代の政治家であり文学者だった欧陽修（一〇〇七～一〇七二）が説いた「三多《さんた》」です。「文章を作るのに三多がある。看多《かんた》、做多《さた》、商量多《しょうりょうた》である」という教えです。「看多」とは多く読む、「做多」は文章を多く作る、「商量多」は作った文章について推敲《すいこう》を重ねる、といった意味です。

まず、「看多《かんた》」です。自分が目標とする文章、こんな文章を書きたいと思う文章を選び出し、徹底的に、繰り返して読むことです。その上で大切なのは、その文章をお手本にすることです。

これは、最も取り付きやすく、効果があり、基本に忠実な文章修練法です。「学ぶ」という言葉は、「まねぶ」（まねをする）と同根です。学びたいと心に決めた人の文章を、徹底的に読んでください。黙読でも声を上げて読んでもいいのです。読むうちに、心に残る箇所がいくつも出てくるはずです。出てくれば書き写します。毎日積み重ねれば、おのずからその文章と同化できます。その文章の味わい、くせ、言葉遣いのかなりな部分が、自分のものになります。

　書き写すときに一つ大切なことは、コピー機でコピーするのではなく、パソコンでもなく、自分の手で書くことです。鉛筆やペンでノートあるいは原稿用紙に一字一句丁寧に書き写し、自分の手先の筋肉に文章の味を覚えさせていくことです。読み、書き写している間に、その人がどうしてその言葉で文章を始めたか、どうしてそこに段落を設け、そうした表現を選んだのか、どうしてそこで文章を結んだのかといった文章の微妙な呼吸が、自然にのみ込めてきます。

　日本の古来の勉強法は、「読書百遍《ひゃっぺん》、意おのずから通ず」（本を繰り返して読めば、意味は自然に分かってくる）でした。論語や孟子をそらで言えるようになるまで声を上げて読んだのです。読むべきものが山のように増えた現在、読書百遍は無理かもしれませんが、気に入った文章、目標とする文章くらいは繰り返して読み、すらすらと暗唱できるようになってください。

　繰り返して読むことで、もう一つ期待できるのは、リズム感が身に付くことです。リズムは音楽の大切な要素ですが、文章にもリズムがあり、読む人をつまずかせません。書き写し、読み、暗誦することで、文章のリズムを体得できれば、達意の文章への道は大きく開けてきます。

　リズムのある文章の例を捜すのは、難しいことではありません。古文でも構いません。例えば『平家物語』です。

> 祇園精舎《ぎおんしょうじゃ》の鐘の声、諸行無常の響あり。娑羅《しゃら》雙樹の花の色、盛者必衰《じょうしゃひっすい》のことわりをあらわす。おごれる人も久しからず、只春の夜の夢のごとし。たけき者も遂にはほろびぬ、

偏に風の前の塵に同じ。

次に大切なのは「做多《さた》」です。たくさん書くことは当然として、ここで勧めたいのは「毎日書く」ことです。文章を書くことは精神と肉体の総合的な作業です。何を書くか思いをこらし、どんな書き出しにするかを考え、そのための言葉を選んで書き始めます。脳髄は記憶の中に蓄積された各種の語彙《ごい》を次から次へと選択します。全体の文脈を見通して論理の筋を通すため進路を前後左右に修正する作業も、鉛筆を握る手の指を適切に動かし原稿用紙に誤字を書かないよう制御する作業も、キーボードの字を間違いなく打つ作業も、脳髄の働きです。

それは熟練労働です。しばらくその作業を怠っていると、神経回路にほこりやさびに似たものが付着して、電気刺激がスムーズに流れなくなります。水泳や陸上の選手が練習を怠れば、記録はあっという間に後退します。ピアノの名手もピアノに向かわなければ、指が硬直します。古典バレエの踊り手は、一日練習をしなければ、体が動かないことが自分に分かり、二日練習を休めば、先生に指摘され、三日練習を怠ければ、観客に口笛を吹かれると言われています。

文章を書く能力も、一日休めば一日分、二日休めば二日分低下します。しかし、せっかくの文章能力を退化させることはありません。対策は「毎日」文章を書くことです。

そのためには、いくつかコツがあります。第一に、何が何でもきちんとした文章をといった硬直姿勢をとらないことです。手紙でも日記でもいいのです。何か書くことを習慣としましょう。

第二に、鉛筆あるいはボールペンと紙もしくはパソコンを、手の届くところに置いておくことです。鉛筆を捜し、紙を捜す手間、パソコンのところまで行く手間が面倒だと、書くのがおっくうになります。文章のテーマや題材、表現など細かいひらめきはあっという間に消え去ります。第三に、毎日この時刻には文章を書くと、作家のように執筆時間帯を決めることも効果的です。サラリーマンなら、少し早起きするか、会社から帰宅後に文章を書く時間を作ります。

第四に、書く目的を決めることです。文章能力向上のためというだけでは、やがてはあき、嫌気がさす恐れがあります。そこで勧めたいのは、新聞や雑誌への投書、いろんな団体や機関で募集している懸賞論文や作文への応募、さらには自分史を書いてみることです。

日刊紙には例外なく投書欄があります。字数も四百字~五百字くらいで、手ごろです。時事問題、社会風俗、家族の話題など、テーマは自由です。具体的な体験が盛り込まれ、独自の意見が語られていれば、採用される確率はかなり大きいはずです。テレビやラジオも視聴者・聴取者の文章を放送しているところがあり、投書欄を設けている雑誌もあります。謝礼は多くは望めませんが、謝礼をもらって文章の修業ができるとは、結構な話です。

論文や作文を募集しているところもたくさんあります。「交通安全」「人権」「スポーツ」「家族の在り方」「税」などテーマはさまざまです。どんな募集があるかを教えてくれる専門誌もありますし、インターネットで検索しても出てきます。自分史は、自分の一生を振り返ってまとめる人が近ごろ増えています。書き上げて自費出版している人の例も珍しくはありません。

文章修練の第三点、「商量《しょうりょう》多《た》」は、作った文章について推敲《すいこう》を重ねることです。推敲については第四章で述べました。ここで勧めたいのは「デスクの厳しい目」です。自分以外の第三者の目で推敲、添削することです。

人間は自分に対して甘いのが常です。程度の差はあっても、自分を実力以上に評価するうぬぼれがあります。自分の文章を推敲する場合でも、つい甘い目で見て、「なかなかよく書けている」と安心してしまい、だれの目にも明らかな欠点がいつまでも付いて回ることになります。

作家の回想記を読むと、ほとんどの人が世に出る前、同人雑誌などの仲間と原稿の回し読みをして互いに厳しく批評し合ったり、文学上の師匠に指導を受けていたりします。他人の目の大切さがよく分かります。皆さんも自分の文章をだれか第三者に見せて、テーマ、発想、書き出し、構成、結び、用字用語などをチェックしてもらうといいと思います。

第三者としては、会社の同僚、学校時代の友人、恩師、近所の知人、配偶者など、いろんな人物が考えられます。できれば同時に相手の文章をこちらが読んで批評するギブ・アンド・テイク型がいいでしょう。それも二人でなく三人以上と数が多いほうが効果的です。

こんな修業法も

要約から元の文章を復活させる、硬い文章を要約する、動きの決定的瞬間をとらえる。

文章道の諸先達は「三多《さんた》」に限らず、様々な文章修業法を説いています。

◇文章復活法　文章心理学者の波多野完治氏が推奨しているのは、あるイギリスの文章学者の文章上達法です。

まず、自分がそのような文章を書きたいと考えている作家の文章を選び出して、その要約を作ります。原稿用紙一枚くらいの文章なら五、六行にまとめます。一週間ほどたったあと、今度はその要約をもとにして、前の文章を復活してみます。前の文章を思い出すというよりむしろ新しく文章を書いてみるのです。その結果できた文章を原文と比べ、出来栄えを検討します。

この方法について波多野氏は、もとの文章と自分の文章を比べると二つの点に気付くであろうと書いています。第一に単語が一般的になっていることです。元の文章では実によく当てはまる言葉なのに、復活文では一般的などうでもいい単語によって置き換えられています。第二に文の長さが違ってきます。元の文が引き締まった文章だと復活文のほうが長くなります。元の文がバリエーション（変奏）付きの、余裕のある文章の場合には、逆になります。前者はむだのない文章、後者の場合はバリエーションの付け方の勉強になります。（『文章心理学入門』）

◇**要約法**　社会学者の清水幾太郎氏が勧めたのは「かなり堅い書物を選んで、それを丹念に読み、短い紙数でその紹介を書く」ことです。清水氏は大学時代、日本社会学会の機関誌に外国文献を紹介する文章を書いていました。大小長短、さまざまな文献を読み、多彩な内容をギリギリに削って一千字の文章に要約します。辛い作業でしたが、文章修業に一番役立ったといいます。

自分で書くことによって、「その内容を自分の精神に刻みつけることが出来る」し、「短文という苦しい狭い場所へ自分を押し込めることによって、文章を書くという仕事の基礎的作業を学び取ることが出来る」というのが、清水氏の意見です。(『論文の書き方』)

◇**決定的瞬間法**　音楽批評家の吉田秀和さんは、聞いたものを正確に文章にする力を養うため、相撲を見て、その勝負の経過をなるべく詳しく、正確に記述する練習を何年も続け、そのため書きつぶしたノートはずいぶんの量にのぼるということです。

数秒から数十秒というわずかな時間の中の二人の力士の動きのすべてを見定め、記憶にとめようとするうちに、精密さだけでは相撲のダイナミズムが再現できないことが分かります。

「土俵上で起こったことのすべてが同じように重要なのではなく、勝負には勝負を決定する『急所』がある」「出来事を出来事の流れに沿って平面的に見てゆくだけでなく、決定的瞬間をいちはやくとらえ、その重要性を正確に評価できるかどうか、そこに勝負を見る核心があり、ひいては記述の急所がある」ことを知ったのはこの練習のたまものです。(『私の文章修業』)

文章上達法として、外国語の文章の翻訳を勧める人もいます。試す価値はあります。

具体性を持たせる

抽象論では相手にされません。具体的事実の裏付けがあって、初めて人はうなずいてくれます。

達意の文章を書くのに必要な条件を、もう少し付け加えておきましょう。

その一つは、できるだけ具体的に書くこと、具体性を持たせることです。しばらくぶりに会った親しい友人が、深刻な表情で「悩んでいる」と一言漏らして口をつぐんだとします。あなたは、一体何があったのか、何か助けられることはないかと、質問を浴びせ、悩みの中身を知ろうとするでしょう。文章も同じです。読む人が疑問を持ち、知りたいことが書かれていなければ、読んだ後、あれはどうなのかと気になって、答えがないため欲求不満に陥ります。いい文章は当然起きる疑問に答える具体的な中身を備えていなければなりません。

学生が水泳部の経験を書いてきました。

> 泳いでいるのは私一人だった。あともう少し。最後の力をふりしぼってゴールする。ビリだが、ベストタイムは一分も更新した。うれしかった。仲間の一人がかけより、肩をたたく。

ゴールの情景は分かりますが、「あともう少し」が気になります。「少し」とはどのくらいでしょうか。一メートルか、五十センチか、それとも十センチか。新聞記事なら落第だと言ったら、書き直してきました。

> あと五メートル。最後の力をふりしぼる。プールには私たち二人。ビリ争いにも声援がわく。ゴール。わずかの差で敗れた。目標にしていた先輩と対等に戦い、予想を上回るタイムは意外だった。うれしさがこみあげる。

ゴールまでの距離は入ったのですが、タイムの「予想をはるかに上回る」は一体どのくらい上回ったのでしょうか。注意するまでもなく第三稿が来ました。

> あと五メートル。最後の力をふりしぼる。ビリ争いにも仲間の声援が聞こえる。ゴール。わずかの差で敗れたが、目標にしていた先輩と対等に戦い、予想を四秒も上回るタイムに、悔しさよりうれしさがこみあげた。

数字を入れるだけで、記述はずっと具体的になり、文章の説得力が増します。具体的なデータがなければ、読む人も感銘の受けようがありません。

観察と描写

ぼんやり見過ごさず、何があるかを見届けましょう。個性的な文章を作るのは観察と描写です。

日本初の女性宇宙飛行士、向井千秋さんが新聞で宇宙体験を語っていました。

> 日本が見えたのは、満月のとき。雲が月の明かりに照り返され、地球が銀白色に輝き、幻想的で、すごくきれいなんですよ。夜景は都会の灯がすごかったですね。宝石箱をひっくりかえしたようだとよく言いますが、これは高い山や飛行機からの眺め。三〇〇キロ上空からでは都会の灯はもっと小さく、砂金が散らばったような感じです。関西が見え、東京が見え、東北地方が見えたと思ったら、朝日が昇ってきたんですよ。日の出の瞬間は、地球を取り巻く大気に虹のような光の層ができました。七色が見えるというわけではなく、やはりオレンジ系の色が強いのです。太陽が大気の層から少し出てくると、金色の光が放たれるんですよ。太陽の光がこんなにきれいなのは大気を通して見るからで、一瞬です。

向井さんが冷静に地球や太陽を観察し、的確な言葉で表現していることに感心しました。文章の背骨は「自分が言いたいこと」です。背骨を肉付けするのは、盛り込まれるデータであり、支えとなる事実の描写です。鋭く精細な観察と描写は、私たちが漫然と見過ごしている日常の出来事や風景を、目に見えるように生き生きとさせます。次は東京の代々木公園の描写です。

公園の西側の林に幾本かあるニセアカシヤの大樹は風がないのに花吹雪。道にはりついた白い花びら。水溜り一面に浮いた芯。暗緑色の葉で掩われたいぬぶな科の木立は、今年生えひろがった黄緑色の若葉の部分を、ねっとりと炎えたたせ、古葉と若葉の間におびただしくひそむ淡緑色の粒状の花から、えがらっぽい独特の匂いを吐きちらしている。その匂いを深く吸うと、先ず眉間をうって、耳のうしろをまわり、鎖骨に沁みてから、四肢の内側をくすぐったく流れて、最後に胃がどきどきする。

（武田百合子『日日雑記』）

景色の底にあるそれまで見えなかったものが、にわかに形をとって現われてくるようです。俳人の中村汀女さんは、俳句の世界で基本とされる「写生」について次のように言っています。

「じょうずな言い回し、効果的な言葉づかい、そんなものに惑わされず、ごく身近なもの、目の前の景色からまず写生してみることです。木々の若葉や草花などもそれぞれの微妙な美しさをもち、きのうの色ときょうの色とはどこやら違ったもののようであります。注意深く見なければその美しさも発見できず、それを見きわめる積極性があって始めて、対象をこちらに引きつけることができるものと思います」

（『はじめて俳句を作る』）

ルールを超える

文章の基礎をしっかりと自分のものにしたうえで、あえてルールを外れた文章を作ってみます。

第四章まで文章を書く上でのルールをいろいろ述べてきました。しかし、文学作品などでは、そうしたルールが守られていない場合を見かけます。

たとえば、句読点をほとんど使わない文章があります。

> 家に帰るとママが応接室に水泳教室のお友達を十一人も呼んでまだ外は明るいのにビールを飲んでいてパパから残業で遅くなると電話があって八つ下の弟のケイイチは新しく買って貰ったメトロイドというゲームソフトで遊んでいて、ママはお寿司をとるからあんた達も好きなもの言いなさいと大声をあげてケイイチはネギトロとアナゴとテレビ画面を見つめたまま言ったがあたしは返事をしなかった。
>
> （村上龍『サムデイ』）

百七十九字の文で読点が一つしかありません。句読点のルールに沿って書くとしたら、傍線の字の次、少なくとも五か所は読点を補いたいところです。だが、延々と続く読点なしの独白が、特異な少女の世界の雰囲気を浮かび上がらせて効果的であることも確かです。

会話にかぎ括弧を全く使わない文章もあります。

親父は晴れ晴れした顔をしていた。これまで一度も見たことがないほど翳ったところのない、曇ったところのない顔だ。おれがそう言うと、親父は、おれも同じように晴れわたった顔をしていると言い返した。どうしてかね。おれは訊ねた。どうして二人ともそんな顔になるのだ。

自由だからじゃ。

親父は笑って答えた。

（小田実『海《タラッタ》の自由』）

傍線部は普通ならかぎ括弧で囲んで、会話であることをはっきりさせるところです。最後から三行目の「どうして二人ともそんな顔になるのだ」は地の文だと思われますが、あるいは発言かもしれません。かぎ括弧がないと、あいまいな部分が残ることになります。反面、かぎ括弧がない分だけ、風通しがよく、自由でのびのびした感じを受けることも事実です。

格助詞の使用を意識的に控えた文章もあります。

八月十五日、俺《おれ》は新在家の焼跡の壕に、お袋と妹をかかえ、十四歳の子供がかかえもおかしいけど、内地で十四歳の男いうたら、もっとも頼り甲斐ある存在、雨降ったら水びたしの壕かい出すのも、断水で井戸まで水汲みに行くのも俺がおらなできへん、お袋は神経痛と喘息《ぜんそく》で半病人やねんから、今おもうと、重大ニュースの発表あるいうしらせが、前日

とどいたんか、当日の朝やったかわからん、

（野坂昭如『アメリカひじき』）

普通の文章なら「男というたら」「頼り甲斐がある」「雨が降ったら」「壕をかい出す」「発表がある」という」と書くところです。しかし、それでは野坂氏独特の、綿々とした独白体の文章の魅力が薄れることになります。

句読点をきちんと打つ。会話には引用符を使う。「てにをは」を手抜きしない。どれも職場の文書など仕事の上の文章では、当然守らなければならないルールです。個人的な文章でも、守らなければ、自分が伝えたいことを相手に正確に受け取ってもらえないおそれがあります。しかし、ときにはルールを超えて、意識して破格の文章とすることがあってもいいと思います。

というのは、こうしたルールは、あくまで相対的なものであり、絶対に正しく、それに従わないものは誤りだといった性質のものではないからです。このようなルールを身に付けることを、絵画の教室でデッサンを練習することにたとえてもいいでしょう。絵画の世界ではデッサンが出発点で、静物や風景やモデルを細部まで正確に写生することを学びます。デッサンという基礎をしっかりと固めたあと、画家たちは対象をデフォルメしたり、抽象化したりし、独自の絵の世界を作り上げていきます。ピカソがいい例です。

文章の世界にも似たところがあります。文章の専門家である作家たちは、一般的な文章のルールを知らないわけではありません。きちんと身に付けていたルールから踏み出すことで、ルール通りの文章では期待できない効果を読者に与えることを狙っているのです。

レトリック

直喩、隠喩、諷喩など種類は何百もあり、古来さまざまな使い方がされています。

レトリックは日本語では修辞と訳されています。言葉を効果的に使って適切に、あるいは美しく表現する言語技術のことです。「言葉のあや」とも言いますが、その場合は通常、やや批判的で、皮肉なニュアンスになります。例文を挙げてみます。

> その労働は、仕立のよい着物のように、彼の体と心にぴったりと合い、ほかの煩《わずら》いのひそみ入る余地がなかった。
>
> （三島由紀夫『潮騒』）

傍線部がレトリックの部分です。

前者は、その労働（沿岸漁業）が彼の体と心にぴったりと合っていたということですが、ただ「ぴったりと合っていた」と書くだけでは、何の変哲もありません。たとえを使うことで、読む人は、自分が仕立てのよい着物を着たときのことを思い浮かべ、そんなふうにぴったりと合っていたのかと、「彼」が働く様子を実感を持って理解することができます。後者は、「ひそみ入る」という、人間やオオカミが何らかの意図を持ってこっそり潜入することに使う動詞を、「煩《わずら》い」という心理的な事象の生起に当てています。目に見えるように印象づける働きをします。

レトリックは古くから弁論や演劇、詩、物語などの世界で工夫されてきました。細かく分類すれば、何百種にも達します。以下、主な語法を紹介しておきます。レトリックの日本語名称は必ずしも統一されていないので、参考までに該当する欧米語を注釈しておきました。文章に変化を付けたいときや趣向を凝らしたいときに参考にしてください。

直喩（英語ではSimile。以下同じ）＝「〜のような」「〜に似た」「まるで」などの言葉を使って別のことを表現します。レトリックの中では最も初歩的でポピュラーなものです。

隠喩（暗喩、Metaphor）＝「あなたは私の太陽だ」「時は金なり」というように、性質や特徴を暗示で説明します。ある言葉を本来の意味からずらして使うもので、直喩に似ていますが、「〜のような」「〜に似た」といった言葉を使わない点で区別されます。

諷喩《ふうゆ》（Allegory）＝「トビがタカを生む」「瓜のつるになすびはならぬ」のように、別のことを言って、言いたいことを推察させます。顧みて他を言うレトリックです。

活喩（擬人法、Personification）＝無生物や人間以外の生物を人間になぞらえます。『ボクラヲウマレカワラセテ！』は廃棄物が主人公のミュージカル、「歳月は人を待たず」もこれです。

結晶（擬物法、Crystallization）＝活喩の反対で、生物を無生物化します。「生き字引」「ふところ刀」「彼は××のロボットだ」といった表現です。詩経の詩「わが心は石にあらず。転がすべからず。わが心は蓆《むしろ》にあらず。巻くべからず」も、この一例でしょう。

問答（Dialogue）＝二人以上の人物に対話をさせます。古いところではプラトンの対話篇、身近なところでは落語の熊さん、八さんと横丁のご隠居の問答です。近年は「ＱアンドＡ」といった言い方が流行です。

挙例（Exemplum）＝例を挙げて理解しやすくします。この例は挙げるまでもないでしょう。

誇張（Hyperbole）＝実際より誇張して、過度に大きく、あるいは小さく表現します。「白髪三千丈」のたぐいです。かつての大本営発表もこれでした。

対照（Antithesis）＝相反したり、互いに似ていたりすることがら、語句を並べます。唐詩に「一将功成って、万骨枯る」。中吊り広告に「肉体に酒、こころに書」。

並行（対句、Parallelism）＝調子の似た語句を並列して並行、対立の美を作ります。対照は事物の性質の異同。こちらは調子の異同です。「ああ玉杯に花うけて、緑酒に月の影宿し」

訂正（Correction）＝不穏当な表現を否定、訂正して穏当な結論に導きます。

予弁（Prolepsis）＝反対論を予期してあらかじめ反駁します。「僭越でございますが」

婉曲《えんきょく》（Euphemism）＝直接言うことがはばかられる場合に使われます。死は「永眠」「成仏」「昇天」「往生」「入寂《にゅうじゃく》」となり、ＣＭは「お知らせ」になります。

緩叙（Litotes）＝言いたいことの反対を否定して強い肯定を表します。「嫌いではない（好きだ）」「改めるにやぶさかではない（思い切りよく改めるつもりだ）」

迂言《うげん》（Periphrasis）＝回りくどい、遠回しの表現です。「長針と短針が重なる時刻」は正午や真夜中の十二時のことで、「社会の窓」はズボンの前あきです。

引喩（引用、Allusion）＝古人の言葉、故事、詩歌の引用です。剽窃《ひょうせつ》、焼き直しの場合もあります。「吾輩は気ままな猫である」はペットの出入り窓業者のＣＭです。

重義（Paronomasia）＝一つの言葉に二つ以上の意味を持たせたり、振り仮名で別の意味を持たせたりします。掛け言葉や語呂合わせもこの類です。『謎帯一寸徳兵衛《なぞのおびちよつととくべえ》』など歌舞伎の外題にはしゃれたものがたくさんあります。

提喩（代喩、Synecdoche）＝一部で全体、あるいは全体で一部を表します。「赤門」は東京大学、「帆」は船、「黄門」は水戸光圀、「くるま」は自動車、「アルコール」は酒を指します。

換喩（Metonymy）＝提喩に似ていますが、属性で主体を表します。「だらりの帯」は京の舞妓で、「ペンは剣よりも強し」のペンは言論、剣は武力です。

転喩（側写、Metalepsis）＝「袖を濡らす」「成績は下から数えるほうが早かった」のように側面から表現します。「新幹線はとてもおトクな乗り物です。全日空ほどではないけれど」という広告がありました。

省略（Ellipsis）＝言葉の省略で文章を簡潔にしたり、語勢を強めたりします。例は省略。

冗言（Tautology）＝類語、同義語反復。同じ意味の語句を重ね、強調します。「堪え難きを堪え、忍び難きを忍ぶ」

逆語・反語・皮肉（Antiphrasis, Irony, Sarcasm）＝逆語は語句をその真意の反対の意に用います。雨天に「いい天気だ」、まんじゅうをさんざん食べて「ああ、お茶が怖い」。戯れや風刺の意図が働くと、反語と呼ばれます。「君は本当に偉い（おめでたい男だ）」。皮肉は反語と重なりますが、意地悪、冷嘲、当てこすりのニュアンスが強くなります。

設疑（Interrogation）＝疑問形で読者に判断させせます。「これ以上説明が必要でしょうか」

倒置（Hyperbaton）＝文法上、論理上の通常の順序を逆にします。

擬古（Pseudoarchaism）＝歴史的假名遣ひや舊字體の漢字を好んで使ひます。「書かふとしなひ」など、間違ひが時時有つて笑はせます。どういふわけか若い人にも愛用者が居ます。

漸層（Climax）＝語句を次第に強く、大きく、高くします。明日は出発という客人を引き止め、「雨の十日も降ればよい。雪の百尺も降ればよい。槍の千本も降ればよい」と畳みかける民謡があります。

序次（Methodize）＝近から遠に、易から難に、既知から未知に、順序正しく叙します。

連鎖（Concatenation）＝前句の末の語を次の句の頭に置きます。同語を前後に配列します。

警句（Epigram）＝奇抜で意表に出ます。鋭く真理をつきます。

反復（Repetition）＝同一の語句を繰り返します。語句の小部分を変えて繰り返します。頭韻、脚韻も含まれます。「月々に月見る月は多けれど月見る月はこの月の月」

声喩（擬声、Onomatopoeia）＝声や鳴き声、音をまねて言葉にします。「モウケッコウ」

断絶（話中頓絶、Aposiopesis）＝中途で急に話をやめます。「まず目にしたのは……とても言葉に出せません」

こう見てくると、それがレトリックだとはふだん意識しないで使っているものも多いようです。学者の人たちはもったいぶった名称を付けるものだと感心するばかりです。

方言の味

方言には独自の味があります。その味を生かして、魅力のある文章を作ることができます。

方言の人気が高まっています。戦前から戦後しばらくの間は、方言にとって冬の季節でした。集団就職が華やかだった昭和三十年代、青森県津軽地方の中学校の多くは、校内で津軽弁使用を禁じたといいます。就職しても言葉が通じなければ、解雇されたりホームシックにかかったりするという理由でした。今日では考えられない中央志向であり、地方文化の抑圧でした。しかし、行き過ぎた振り子は元に戻ります。方言は自己存在のあかしだと、胸を張って話したり、書いたりする人が増えています。

方言のいいところは、無味乾燥、のっぺらぼうの共通語とは違って、言葉自体に味があることです。

東京の下町言葉の『男はつらいよ』の寅さんのせりふを大阪弁、京都弁と広島弁に変えてみた人がいます。（大原穰子『ローカル色のパレット　ドラマの中のお国ことば』光陽出版社）

「なんだい、どうしておまえにそれが分かるんだよ」

という原文を大阪弁にすると、

「なんやねん、何でお前にそれが分かるゆーんや」

京都弁は、

「なんやとー、何でお前にそれが分かるんや」

広島弁では、

「なんじゃー、なんでおみゃーにそがーなことが分かるんなら」

下町言葉でない寅さんはまるきり寅さんらしくなくなります。生まれ育ったふるさとの言葉は、その人の個性そのものだと言っていいようです。

地方紙の投書欄やコラムは、方言を自在に駆使した文章が見られて楽しいものがあります。

> 朝から雲行きが怪しげな中を、大急ぎで納品に行った主人が「やれ、おたちい（気持ちが悪い）のう。後もちいと（もう少し）のところで、雨におうて（遭って）しもうた」と、ぬれねずみで家へ駆け込んできた。
>
> 年のせいか、方言まる出しの会話が多くなった。その度に主人は「幼いころの祖母との生活を思い出す」と言う。仕事中も「材料の残りをあれもこれも、ごろもく（ごちゃごちゃ）にせんと、まつうて（包んで）、きびっとけ（結んでおけ）」と命令が下りる。

地方紙に載っていた読者の文章です。中年のご夫婦のやり取りが、方言のおかげでほほえましく、親近感あふれるものになっています。

方言を使った文学作品も珍しくありません。文章を一味違ったものにする手段として、方言はもっともっと大事にされていいと思います。

辞書と仲よくしよう

国語、漢字、英語の辞書や歳時記、百科事典など、身近に備え、ことあるごとに引く習慣を付けましょう。

国語の辞書はすぐ手の届くところに置いておきましょう。できれば数種類を備えましょう。最低限、大型のもの一、二種と、いつも気軽に持ち運びができるような小型のものをそれぞれ持っていたいと思います。今の国語辞書は、語義の説明に終始して、用例が少なく、疑問に的確な答えが得られない場合が多いのですが、その点、『日本国語大辞典』（第2版、全13巻と別巻。小学館）は、用例が豊富で、参考になります。

専門辞書も役に立ちます。的確な言葉が見つからないときは、類語辞典が便利です。いくつかの出版社から出されています。小説などからいろんな比喩や形容を集めて整理した便利な辞書も、何種類か出版されています。ながめているだけでも楽しいものです。漢和辞典は座右から離せません。諸橋轍次氏の全十五冊の『大漢和辞典』（大修館書店）は無理でも、できるだけ大型の漢和辞典を備えると役に立ちます。英語の辞書も有用です。言葉を捜すときにその意味の英単語を引けば、並んでいる訳語から最適の言葉を選ぶことができます。

辞書同様、座右に備えておくことを勧めたいのは、歳時記です。時に応じてひもといて、季節の移り変わりをとらえる感覚を学んでほしいと思います。百科事典も備えておけば便利です。自然に興味のある人なら、動物や植物の図鑑は必携です。自然の中で微妙に移り変わる色彩を説明する色名辞典も、気持ちを豊かにしてくれます。国内や世界の地図帳、古今東西の人名辞典、文学事典などにも、書棚のスペースを提供したいものです。

近ごろは国語や漢字や英語、それに時事用語や百科事典まで入っている電子辞書があります。パソコンの辞書ソフトもあります。座右に置くのはそのほうが便利かもしれません。

一言付け加えたいのは、辞書に書いてあるからといって正しいとは限らないということです。一冊の辞書を引いて安心することなく、複数の辞書に当たる習慣を付けたいものです。

インターネットで検索するという方法もあります。使いつけるとインターネットはほんとうに便利です。大げさに言えば、森羅万象、この世の中のすべての情報が手に入ると言ってもいいでしょう。ただし、欠点は信頼性に欠ける場合もあることです。ことに何らかの死命を制するような重要な問題の場合には、必ずその方面の権威者に確認すべきです。

心にいつもユーモアを

ユーモア、笑いは人生の潤滑油です。文章は、人生を明るく、笑いに満ちたものにするために大いに役立ちます。

「今日は読者サービスのため、チューリップのかおりのする新聞をお届けします。鼻を紙面に十分にこすり付けて、かおりをお楽しみください」。新聞の朝刊の一面に大きくお知らせが載りました。その日、街を行き交う人たちの多くは、鼻の頭を新聞の印刷インキで真っ黒にさせていたということです。朝刊の日付は四月一日でした。いつかオランダであったエイプリルフールのいたずらです。もちろん、新聞からはインキのにおいのほかは、何のかおりもしませんでした。

欧米の新聞は、四月一日の紙面によく人をかつぐニュースを載せます。それを見た日本の特派員が真偽の確認に大わらわになることもあります。向こうの読者は慣れているから、ああ、またやっていると驚きませんが、日本の新聞がそれをやるといささか大変です。いつかある新聞が「きんさん、ぎんさんの三つ子の妹のどうさんがブラジルに生きていた」という記事を大きく載せたところ、たちまち読者から「人心を惑わせるな。もっとまじめにやれ」と猛反発の大合唱がわき起こりました。その次の年に「東京湾で油田が発見された」という記事を載せたら、これまた非難の渦でした。

どうも日本人にはまじめな人が多いようです。日本人が国際会議で演壇に立つと、まず謙遜し弁解します。アメリカ人がスピーチをするときは、最初にジョークを言って雰囲気をほぐします。ある日米比較文化の会議で、開会のあいさつをしたアメリカ人の学者は「今日の会議はアメリカ人だけのものではないので、ジョークを言わないことをおわびして開会する」としゃべって、皆を大笑いさせました。

これはまじめさとは関係がないことだろうと思いますが、かつて新聞記者の質問に腹を立て、以来だんまりを決め込んだ総理大臣がいました。外国の例など引きたくはありませんが、アメリカのケネディ大統領はキューバ侵攻失敗でみそをつけ、こきおろされたとき、「勝利には千人の父親がいるが、敗北は孤児だ」とさらりとかわしたといいます。

まじめなのは、いいことではありますが、まじめ一本やり、四角四面でゆとりがないと息が詰まります。エイプリルフールのような、ジョーク、ユーモアを楽しむ遊び心がもっとあっていいのではないでしょうか。ユーモアや笑いは人間にとって非常に大切な要素だと思います。自動車はステアリング・ホイールに遊びがないと、いざというときに危険です。人間も遊びがないと、ストレスがたまってノイローゼになってしまいます。いつも苦虫をかみつぶし、針ネズミのようにトゲを逆立てていては、人生は暗いものになり、絶望感しか持てなくなります。

文章も同じです。しゃちこばって、辺りをにらみつけ、他人の足を引っ張って足れりとする文章は、楽しくなく、暗さそのものです。落語の台本ではないので、読む人をのべつ幕なしに笑わせる必要はありませんし、押しつけがましい明るさはかえって逆効果になるとしても、文章のどこかに、遊び、ユーモア、明るさがほしいと思います。没感情で、データを並べれば事足りる学術論文でも、読み進むうち、さりげないユーモアにぶつかることがあれば、行間に筆者の素顔が見え、にわかに親近感を覚えます。

日本にはユーモア・笑いの脈々とした伝統がありました。田舎大名や太郎冠者が出てくる狂言をはじめ、狂歌や川柳、江戸笑話、『東海道中膝栗毛』のような滑稽《こっけい》文学、それに落語です。現在でも新聞や雑誌には漫画、川柳や一口コントが掲載され、漫画の人気は驚くほどです。寄席では新作落語が演じられています。多くの作家がしゃれやパロディを得意としています。玉石混交、愚にもつかないものもないわけではありませんが、心をほのぼのと温めてくれるものにも事欠きません。こうした笑いの数々を聞き流し、読み過ごすのではなく、意識してまねをし、繰り返してみてください。明るいユーモアや冗談、しゃれ、鋭い風刺の技術を盗み取ってください。日を重ねるうちに、まねでない、自分独自のユーモア話術が身に付いてくるに違いありません。

ユーモアや笑いには、人生を明るくし、積極的にするものがあります。襲いかかる人生の困難に、頭を上げて立ち向かい、笑い飛ばす健康な精神があります。開放、友好、愛、謙虚さ、寛容、権威の否定、生命の横溢、満足、エネルギーの発散があります。

文章の話の最後にユーモアを取り上げたのは、身に付けた文章の技術を、明るく、積極的な人生のために大いに活用してほしいからです。

あとがき

本文に書き漏らしたことを書いておきます。政治家に政治資金を寄付することを、新聞は「献金」と書きます。おかしいとは思いませんか。辞書を引くと、「献金」は「ある目的のために金銭を献上すること。また、その金銭」とあります。「献上」は「身分の高い人に品物などを差し上げること」です。もっと古い辞書だと「物を主君や貴人などにさしあげること。たてまつること」などと説明されています。政治家は「身分の高い人」「主君、貴人」なのでしょうか。政治家が立候補する選挙区を変えることを「国替え」と書く新聞もあります。平安時代の地方官や江戸時代の大名に使われた言葉を国会議員や立候補者に使うことに抵抗はないのでしょうか。

気になる言葉はほかにもあります。最たるものは、役所で不要になった役人が特殊法人や民間企業に就職する場合に使われる「天下り」という言葉です。明治の初め、福沢諭吉は「天は人の上に人をつくらず、人の下に人をつくらず」と言いました。しかし、国民への奉仕者である公務員の世界がその「天」にあり、公務員を選定し罷免する権利を持つ国民は下位下層にある、これがまさに「天下り」という言葉の持つ意味であり、ニュアンスです。読者、有権者、国民がもっと言葉に対する鋭敏な感覚を身に付け、このような言葉の不思議な使い方がなくなる時代になってほしいものです。

文章には、人間と同じように、幸せな文章と不幸な文章があります。真実を述べる文章、その裏の意味を知ろうとあれこれ考えをめぐらし尋ね回る必要のない文章は幸せです。その本来の意味が素直に生かされ、書いた人の言いたいこと、言葉や文章に込めた意味が、曲解の余地なく、読む人に伝わってくるからです。

反対に、不幸せなのは、似ても似つかぬことを表現するのに使われる言葉・文章です。テレビ局をいくつも所有しているイタリアの政治家が首相に就任、自分の身に降りかかりそうな火の粉を払うため、汚職容疑者の拘置を禁止する政令を公布して国民から猛反撃を受け、やむなく撤回、結局は辞任の羽目となった一幕が、かつてありました。

この政治家が所有しているあるテレビ局の報道局長は、政令を撤回したときの政治家の弁明を聞いて、「何と謙虚で誠実な発言でしょう。感服致しました」と感嘆して見せたといいます。

この報道局長に使われた言葉が言葉を話せたら、身の不運を口を極めて嘆いたことでしょう。かつて大本営報道部発表用に書かれたような文章、今も世間のあちらこちらで流されている、他人を欺き、偽りの自己を示すための文章、自分の本意ではなく、他人に強制されて、真実ではないとわかっていて強弁する文章、そんな文章は本当に不幸です。

言葉の中には、何千年も前から私たちの祖先によって使用されてきた由緒ある古い言葉もあり、ついこの間から人々の口の端に上るようになった、まだ青二才の言葉もあります。それぞれ、幸せな文章の中で使われて幸せになりたいと切望しているのに、黒い指でつまみ上げられ、自分はそんなものではないと抗議したくなるような叙述、形容に使われ、その文章の中から逃げ出すことができません。言葉の虐待と言うほかはありません。文章を作る以上、言葉を不幸せな文章の中に閉じ込めてはいけません。幸せな文章の中でのびのびと自分の意味をうたい上げる、そんなふうに言葉は使ってやりたいものです。

マルチメディアの時代です。電波・映像・電子文化の滔々とした流れの中で、ひところ、活字文化は時代遅れになったという見方がありました。しかし、文明がどんなに進んでも、文字を読み、文章を書くことの意義は減じません。コンピューターへの入力が、キーボードでなく音声に変わっても、そこで要求されるのはスピーチをする能力です。その能力を養うのは文章を書く能力です。人間同士のコミュニケーションの媒体が進歩し、意思を疎通させる機会が増えれば増えるだけ、個人の文章能力の重要性は増大します。

さらに、文章を書くことには、単に他人とのコミュニケーションのためというだけではなく、もっと積極的な意義があります。何よりも自分が見聞したこと、脳の中にあることを整理し、まとめることができます。書くことを続けていけば、表現力は鍛えられ、積極的に物事を企画したり、情報を収集したりする力が養われます。自分が活性化できます。ホモ・スクリーベンス（書く人）であることは、自分の能力の可能性を最大限に開発していくことにほかなりません。

反面、文章を書くということは、時として、自分の身を白刃《はくじん》の下にさらすことであり得ることも、承知しておきたいと思います。

昔、中国の春秋時代の斉で、実力者の崔杼《さいちょ》が君主の荘公を殺したとき、斉の史官は「崔杼、その君を弑《しい》す」と記録して殺されました。その弟がまた同じことを記録して殺されました。その末弟がまた同じことを記録したので、崔杼もついに諦めたというできごとが、『春秋左氏伝』と『史記』に伝えられています。当時の史官の硬骨ぶりを示すエピソードです。史官によって当時の竹簡に記録された文章は、あるいはおそらく最高に幸せな文章だったと言えるのではないでしょうか。

旧版に続いて新版を多くの人に読んでいただけるのは、望外の幸せです。旧版から引き続いて介添役を努めて下さった編集者の小川浩氏に、深くお礼申し上げたいと思います。

なお、誤りは人間の常です。お読みになって、いろいろ不審な点、これはどうかという点にお気づきになることも、あるに違いありません。疑問や反論があれば、手紙でもはがきでも構いません。出版社あてどんどんお送りください。率直な感想を聞かせていただければ幸いです。

二〇〇四年三月

森脇逸男

渡辺淳一『創作の現場から』集英社（94年）

［日本語文法］

井上ひさし『私家版日本語文法』新潮文庫（84年）
大出晃『日本語と論理』講談社現代新書（65年）
大野晋『日本語の文法を考える』岩波新書（78年）
大野晋『日本語練習帳』岩波新書（99年）
大類雅敏『文章は句読点で決まる！』ぎょうせい（90年）
菊地康人『敬語再入門』丸善ライブラリー（96年）
北原保雄（監修）『岩波日本語使い方考え方辞典』岩波書店（03年）
金田一春彦『日本語新版・上下』岩波新書（88年）
佐藤喜代治『国語表現法』朝倉書店（88年）
中島文雄『日本語の構造』岩波新書（87年）
永野賢『文法研究史と文法教育』明治書院（91年）
林巨樹『近代文章研究』明治書院（76年）
文化庁『言葉に関する問答集』大蔵省印刷局（95年）
三上章『象は鼻が長い』くろしお出版（60年）
三上章『日本語の論理』くろしお出版（63年）
森岡健二『近代語の成立』明治書院（91年）
『講座日本語・全八巻』岩波書店（76年）
『国文法講座・全六巻、別巻一』明治書院（87年）
『シンポジウム日本語・全五巻』学生社（75年）
『日本文法用語辞典』三省堂（89年）

［用字用語］

金武伸弥『新聞と現代日本語』文春新書（04年）
新聞用語懇談会『新聞用語集』日本新聞協会（96年）
『記者ハンドブック』共同通信社（56年）
『最新用語用字ブック』時事通信社（95年）
『読売新聞用字用語辞典』読売新聞社（90年）

参考書目

（括弧内は初版発行年。西暦の前二桁を省いた）

［文章の書き方］

井上ひさし『自家製文章読本』新潮文庫（87年）

枝川公一『ｅ文章入門』朝日出版社（02年）

澤田昭夫『論文の書き方』講談社学術文庫（77年）

清水幾太郎『論文の書き方』岩波新書（59年）

武部良明『論説文の書き方』大泉書店（71年）

谷崎潤一郎『文章読本』中公文庫（75年）

平井昌夫『新版　文章を書く技術』現代教養文庫（72年）

本多勝一『日本語の作文技術』朝日新聞社（82年）

丸谷才一『文章読本』中央公論社（77年）

三島由紀夫『文章読本』中公文庫（73年）

森脇逸男『文章の書き方の基本を身につける本』中経出版（97年）

［文章術・レトリック］

教育社編集部『書き出し美術館　小説の書き出し四八九編』教育社（89年）

週刊朝日編『私の文章修業』朝日新聞社（79年）

佐藤信夫『レトリック感覚』講談社学術文庫（92年）

佐藤信夫『レトリック認識』講談社学術文庫（92年）

鈴木棠三『日本語のしゃれ』講談社学術文庫（79年）

中村明『日本語レトリックの体系』岩波書店（91年）

中村明『悪文』ちくま新書（95年）

波多野完治『文章心理学入門』小学館（88年）

速水博司『近代日本修辞学史』有朋堂（88年）

別冊宝島25『レトリックの本』ＪＩＣＣ出版局（81年）

森岡健二『文章構成法』至文堂（63年）

安原顕編『私の文章術』メタローダ（94年）

ま　行

や　行

ら　行

わ　行

た　行

索　　引

あ　行

か　行

《著者略歴》

1931年兵庫県西宮市生まれ。山口市で育つ。1954年東京大学文学部卒。読売新聞社に入り、静岡支局、地方部、社会部を経て、論説委員。1974年6月から6年5か月間、一面コラム「編集手帳」を執筆。のち、社会部長、編集局次長、新聞監査委員長、日本新聞協会審査委員。上智大学新聞学科非常勤講師（論文作法）。

現在、日本マス・コミュニケーション学会会員、日本エッセイスト・クラブ常務理事、雑学倶楽部運営委員。

著書　『給料袋』『直言閑論』『縦言横論』『東言西論』（いずれも読売新聞社刊）『文章の書き方の基本を身につける本』（中経出版）『裁錦会詩集Ⅷ〜Ⅺ』（共著、スピックバンスター）

新版 書く技術

2004年5月20日　第1版第1刷発行
2018年6月10日　第1版第9刷発行

著　者　森　脇　逸　男
発行者　矢　部　敬　一
印刷所　壮光舎印刷株式会社
発行所　株式会社　創　元　社
〒541-0047　大阪市中央区淡路町4-3-6
TEL　06・6231・9010（代）
FAX　06・6233・3111
URL　http://www.sogensha.co.jp/
東京支店　〒101-0051　東京都千代田区神田神保町1-2　田辺ビル
TEL　03・6811・0662

落丁・乱丁の場合はおとりかえいたします。　検印廃止

ISBN978-4-422-80025-7　C0081